Ahnen-Kontakte für Anfänger

Spiritismus, Totenbeschwörungen, Familienaufstellungen und mehr …

Kontakt: www.HarryEilenstein.de
Harry.Eilenstein@web.de
Harry Eilenstein bei youtube

Herstellung und Verlag: BoD – Books on Demand, Norderstedt

ISBN: 9783756884001

Inhaltsverzeichnis

I Familie & Co.

In den meisten Kulturen spielen die Ahnen eine große Rolle – lediglich in der „westlichen Zivilisation" ist die Bedeutung der Ahnen immer kleiner gewesen.

Um über die Ahnen reden und ihre Bedeutung untersuchen zu können, ist es zunächst einmal sinnvoll, diesen Begriff etwas genauer zu fassen. Da er mit „Verwandte", „Nachkommen", „Vorfahren", „Familie", „Sippe", „Urahn" und „Dynastiegründer" verwandt ist, kann man den Begriff „Ahnen" am einfachsten im Vergleich und in der Abgrenzung zu diesen anderen Begriff klären.

- Am einfachsten sind die „Nachkommen" zu definieren: Dies sind die Kinder, Enkel, Urenkel, Ururenkel usw. eines Mannes und einer Frau.

Es kommt natürlich vor, daß die Nachkommen nicht vollständig bekannt sind – z.B. durch Seitensprünge in einer Ehe.

- Ebenfalls eindeutig sind die „Vorfahren": Dies sind der Vater und die Mutter eines Menschen, die vier Großeltern, die acht Urgroßeltern, die sechzehn Ururgroßeltern usw.

Auch diese Vorfahren sind manchmal nur teilweise bekannt, wenn eine Frau mit mehreren Männer Sex gehabt hat oder es um einen Menschen in einer der matrilinearen Kulturen geht, in denen generell nur die Bindung des Kindes an die Mutter beachtet wird und die Kinder durch „freie Liebe" gezeugt werden.

- Die „Familie" besteht nicht notwendigerweise aus „Vater, Mutter, Kinder". Dies ist zwar biologisch der Fall, aber da der Vater nicht unbedingt bekannt ist, die Kinder nicht alle von dem selben Vater stammen müssen oder gleich nur der Mutter zugerechnet werden, kann es viele verschiedene Familienformen geben, die von der heutzutage üblichen „Vater, Mutter, Kinder"-Version über alleinerziehende Mütter und Väter bis hin zu „Eltern-Gemeinschaften" reichen.

- Der Begriff „Urahn" hängt mit derm Begriff „Vorfahren" zusammen. Der Urahn ist meistens der Gründer einer Dynastie, der Erbauer einer Burg, der Auswanderer, der Firmengünder o.ä. In solchen Fällen sind die Nachkommen all diejenigen, die diesen „Ersten" unter ihren Vorfahren haben.

In vielen Fällen wird der Begriff des „Urahns" auch enger gefaßt und bezieht sich dann nur auf die Nachfolge der männlichen Erstgeborenen. Auf diese Weise gibt z.B. ein Dynastiegründer das Königtum seinem erstgeborenen Sohn weiter, der das Königtum dann wiederum an seinen erstgeborenen

Sohn weitergibt usw.

- Ein sehr allgemeiner Begriff ist der „Urmensch". Dies ist in den Mythen der erste Mensch überhaupt. Bei den Juden, Christen und Moslems ist dies Adam, bei den Ägyptern war dies Atum, bei den Persern Yima, bei den Indern Yama oder Purusha, bei den Germanen Ymir, bei den Chinesen Pan Gu usw.

Dieser „Urmensch" ist zwar eine fiktive Gestalt, aber da sie als der Ursprung aller Menschen angesehen wird, hat sie auch eine integrierende Funktion.

- Ein wichtiger Begriff ist auch die „Sippe". Sie kann ziemlich verschieden definiert werden: als Familie, als Familie plus die Geschwister der Eltern, als Familie plus die Geschwister der Eltern und deren Kinder, als Familie plus die Geschwister der Eltern und deren Ehegatten plus deren Kinder, als Familie plus die Geschwister der Eltern und deren Ehegatten plus deren Kinder plus die Großeltern, usw.

Der Begriff der Sippe ist recht diffus und wird bei den verschiedenen Völkern und in verschiedenen Familien sehr unterschiedlich definiert. Eine wichtiges Kriterium dabei ist es, ob jemand „blutsverwandt" ist, also mit einem selber gemeinsame Vorfahren hat, oder ob jemand nur „angeheiratet" ist. So werden in manchen Familien nur die Geschwister der Eltern als „Onkel" und „Tante" bezeichnet, in anderen jedoch auch die Ehepartner der Geschwister der Eltern.

- Noch unschärfer ist der Begriff „Verwandte". Wen zählt man dazu? Nur die Kernfamilie (Eltern und Kinder); alle Nachkommen der Großeltern; alle Nachkommen der Urgroßeltern; alle Nachkommen, die man persönlich kennt; alle Blutsverwandten; alle Menschen eines Dorfes; alle Menschen eines Volkes; alle Menschen; alle Lebewesen; oder noch etwa anderes?

Der Begriff „verwandt" muß eigentlich dort, wo er benutzt wird, jedesmal erst definiert werden.

- Schließlich gibt es noch den Begriff „Ahnen". Dabei handelt es sich zunächst einmal um die Vorfahren. Aber wieviele Generationen geht man dabei zurück? Nimmt man auch die Geschwister der Eltern und der Großeltern hinzu? Oder zählt man nur die direkten Vorfahren – also die beiden Eltern, die vier Großeltern, die acht Urgroßeltern usw. dazu? Oder gehören zu den Ahnen ganz schlicht die „Verstorbenen aus der eigenen Sippe, die für den Betreffenden von Bedeutung waren"?

Auch hier ist es sinnvoll, diesen Begriff in jedem Gespräch und in jedem

anderem Zusammenhang jeweils erst einmal genauer zu definieren, um Miß-
verständnisse zu vermeiden.

Schließlich gibt es noch eine allgemeine Überlegung, die man zu den Vorfahren und
somit auch zu den Ahnen anstellen kann:

- Heute gibt es ca. 8 Milliarden Menschen.

- Die Menschen bekommen im Durchschnitt mit ungefähr 20 Jahren ihr
erstes Kind.

- Wenn man von einem Menschen 20 Jahre zurückgeht, ist man bei den 2
Eltern, vor 40 Jahren bei den 4 Großeltern, vor 60 Jahren bei den 8 Urgroßeltern, vor 80 Jahren bei den 16 Ururgroßeltern usw. Die Zahl der direkten
Vorfahren verdoppelt sich jedesmal, wenn man eine Generation, d.h. ca. 20
Jahre weiter zurückgeht.
Wenn man 100 Jahre zurückgeht, sind es 32 (2^5) direkte Vorfahren; wenn
man 200 Jahre zurückgeht, ist man schon bei 1.024 (2^{10}) direkten Vorfahren;
wenn man 300 Jahre zurückgeht, ist man schon bei 32.768 (2^{15}) direkten Vorfahren usw.

- Man kann also in der Zeit zurückgehen und schauen, wann die Zahl der
direkten Vorfahren größer als die Zahl der damals lebenden Menschen
gewesen ist. Das ist bereits vor ca. 350 Jahren der Fall gewesen, also um ca.
1650 n.Chr.
Da man noch bedenken muß, daß Amerika erst seit 1500 n.Chr. Kontakt mit
Europa hatte und daß auch China und Australien und einige Bereiche von
Afrika nur wenige Kontakte untereinander und zu Europa gehabt haben, kann
man noch einmal ca. 300 Jahre hinzufügen, sodaß man auf ungefähr 1350
n.Chr. für den Zeitpunkt kommt, an dem alle damals lebenden Menschen
direkte Vorfahren aller heute lebenden Menschen gewesen sind.
Natürlich gab es auch Menschen, die keine Nachkommen gehabt haben und
ebenso Menschen, die aus irgendeinem Grunde keine Verbindungen zu anderen Völkern aufgenommen haben, aber für 99% der Menschen, die vor 700
Jahren gelebt haben, sind direkte Vorfahren aller heute lebenden Menschen.

II Die Familientradition

Um die Bedeutung der Ahnen – wie auch immer man diesen Begriff jetzt konkret fassen mag – zu erkennen, gibt es ein einfaches Experiment:

- Man nimmt ein großes Stück Papier wie z.B die Rückseite von 1,5m Tapete und zeichnet darauf den eigenen Stammbaum auf. Auf diesem Stammbaum sollten die Eltern und Großeltern und deren Geschwister, die eigenen Geschwister, die eigenen Beziehungen, die eigenen Kinder, die Ehepartner der eigenen Kinder, die eigenen Enkel usw. stehen – also alle Menschen, mit denen man durch Verwandtschaft, Beziehung oder Freundschaft verbunden ist.

- Nun trägt man auf diesem Stammbaum zu den Namen das Alter ein, das sie erreicht haben, weiterhin die Todesursache (sofern sie schon gestorben sind), dann die Krankheiten dieser Menschen, die Kinderzahl, den Beruf, ob sie häufig umgezogen sind, ob sie viele verschiedene Beziehungspartner und Freunde gehabt haben, ob sie cholerisch, spirituell, sportlich, ehrgeizig usw. gewesen sind – eben alles, was man über sie weiß.
Bei allen Eigenschaften, die man bei einem seiner Vorfahren findet, sollte man auch schauen, ob man diese Eigenschaft auch selber hat.

- Dann schaut man, welche Themen in dem eigenen Leben wichtig sind: Familie, Geld, Karriere, Magie, Sport, Reisen, Abenteuer, Sex usw. Man schaut zudem, in welchen Bereichen man Probleme hat – von Geldmangel über Beziehungsstreß und Diebstahlsneigungen bis hin zu Selbstmordversuchen.
Nun geht man diese Themen eines nach dem anderen durch und schaut bei jeder Person auf dem Stammbaum, ob man über den Betreffenden bezüglich dieses Themas etwas weiß. Falls das der Fall ist, trägt man dies in den Stammbaum ein.
Dieser Teil des Vorgehens ist wichtig, da man durch ihn die Wurzeln des eigenen Verhaltens bei seinen Vorfahren wiederfinden kann.

- Nun schaut man, ob es Themen gibt, die häufig auftreten. Wenn ja, markiert man gleiche Themen mit derselben Farbe.
Als nächstes schaut man, ob diese Themen von einer Generation zur nächsten Generation, also von Eltern zu Kindern, weitergereicht werden. Auch diese Zusammenhänge markiert man farbig – am besten in der Farbe

des betreffenden Themas.

Manchmal kommt es auch vor, daß bestimmte Eigenschaften nur in jeder zweiten Generation auftreten. Dann ist es sinnvoll, sich genauer anzusehen, ob die Generationen dazwischen ebenfalls gemeinsame Eigenschaften haben. Sollte dies der Fall sein, liegt es nahe zu schauen, in welchem Verhältnis die beiden Eigenschaften, die sich in den Generationen abwechseln, zueinander stehen. Daß sie keinen Zusammenhang miteinander haben, kann man mit großer Sicherheit ausschließen.

Durch diese einfache Übersicht wird mit großer Wahrscheinlichkeit – wenn man sie einigermaßen gründlich angefertigt hat – deutlich werden, daß es so etwas wie eine „Familientradition" gibt, die viele Eigenschaften enthält, die von Eltern zu Kindern weitergegeben werden. Bei dieser Familientradition handelt es sich sowohl um Fähigkeiten und Begabungen als auch um Schwächen und Probleme.

Dieses Geprägtwerden der Nachkommen durch ihre Vorfahren gleicht dem aus der Psychologie gut bekannten „Wiederholungszwang" – nur daß dieses Geprägtwerden sich hier über mehrere Generationen hin als „generationsübergreifender Wiederholungszwang" zeigt.

Wenn man diese Stammbaum-Übersicht über die Familientradition betrachtet, wird man wahrscheinlich ein weiteres Element bemerken: Ehepaare und Beziehungspaare haben in der Regel dieselben Grundthemen: „Gleich und Gleich gesellt sich gern."

Allerdings treten diese Themen bei den beiden in den meisten Fällen nicht in derselben Form, sondern als entgegengesetzte Polarisierung auf: „Ungleiches zieht sich an."

Diese beiden Dynamiken führen dazu, daß man bei Paaren oft die Kombination von Süchtigem und Asket, Verschwender und Sparsamen, Täter und Opfer, Mutigem und Ängstlichem, Star und Fan, Berühmtheit und Mauerblümchen, usw. findet.

Die Familientradition besteht nicht nur unter den direkten Nachkommen, sondern in der gesamten Sippe. Die Eltern geben ihre Themen nicht nur ihren Kindern weiter, sondern die Kinder suchen sich auch Partner, mit denen sie diese Themen optimal weiterleben können. Die Familientradition hat die Tendenz, sich selber zu erhalten – durch eine „polare Anziehung bei denselben Themen".

Durch diese Dynamik bilden sich gesellschaftliche Gruppen mit ähnlichen Themen, die weitgehend unter sich bleiben. Die Familientradition ist also eine Untereinheit einer bestimmten Gesellschaftstradition.

Diese Tradition prägt jeden Menschen. In Bezug auf die Fähigkeiten ist diese Weitergabe von Eigenschaften sehr praktisch, aber in Bezug auf die Probleme ist dies ausgesprochen unpraktisch. Es stellt sich daher die Frage, wie man diese Familientradition, die in eine Gesellschaftstradition eingefügt ist, kreativ gestalten und dadurch sein eigenes Leben bewußt lenken kann.

Doch vor der Untersuchung dieser Möglichkeiten ist es sinnvoll, in den folgenden Kapiteln noch einige andere Fragen eingehender zu betrachten.

Am Ende dieser Betrachtung der Familientradition ist es hilfreich, einmal zu versuchen, diese Familientradition in allgemeinerer Form zu beschreiben. Dabei ist zu beachten, daß es oft merere polare Rollen in solch einem System gibt.

Möglicherweise findet man auf diese Weise heraus, daß die Familientradition zwei Rollen enthält, die oft Geschwisterpaare oder Ehepaare bilden oder die sich generationsweise abwechseln.

Das Folgende ist ein Beispiel für eine solche Familientradition:

> Ein karriere-bewußter, cholerischer und sportlicher Mann ist mit einer unselbständigen, nervösen und spirituellen Frau zusammen. Zwischen ihnen kommt es oft zu Gewalt in der Ehe, die jedoch nie offen angesprochen wird. Der Mann leidet in der Regel unter Bluthochdruck und stirbt früh, die Frau bekommt oft Brustkrebs, aber lebt deutlich länger als der Mann. Diese Familien haben entweder sehr viele oder keine Kinder.

Eine konkrete Familientradition wird in der Regel sehr viel mehr Details enthalten und auch weniger schlicht und plakativ als das obige Beispiel sein.

Insbesondere im Bereich der Magie gibt es viele Regeln, wie sich Eigenschaften und Fähigkeiten vererben. So tritt die Sehergabe manchen Ansichten zufolge nur in jeder zweiten Generation auf oder sie wird (wie in Holstein) immer vom Vater auf die älteste Tochter und von der Mutter auf den ältesten Sohn vererbt.

Ob diese Regeln immer in dieser Weise zutreffen, ist fraglich – zumal es in verschiedenen Gegenden verschiedene Regeln gibt. Und die Anzahl der Ausnahmen wird oft nicht besonders deutlich betont …

Immerhin zeigen diese traditionellen Regeln, daß es den Menschen aufgefallen ist, daß bestimmte Eigenschaften und Fähigkeiten weitervererbt werden.

III Die Entstehung der Familientradition

Die naheliegenste Annahme darüber, wie die Familientradition entsteht, ist die Nachahmung der eigenen Eltern. Dieses „Lernen von den Eltern" ist mit Sicherheit vorhanden.

Eine zweite Möglichkeit ist die Vererbung. Auch die Vererbung ist als Einfluß zweifellos vorhanden – schließlich wird über die Gene der gesamte Körperbau bestimmt. Inwieweit in den Genen auch Verhaltensweisen codiert sind, ist hingegen nicht so einfach festzustellen – es scheint eine solche genetische „Programmierung" des Verhaltens zu geben, aber die Grenze zum Erlernten ist nur schwer erkennbar.

Dann gibt es noch ein weiteres Element, das zwischen Erlernen und Vererbung steht: Die DNS ist nicht einfach nur der Bauplan eines Menschen, denn es gibt die Möglichkeit, Teile der DNS zu deaktivieren und wieder zu aktivieren. Es gibt also Teile der DNS, die immer wirksam sind und solche, die an- und abgeschaltet werden können. Dieses Aktivieren und Deaktivieren geschieht durch das eigene Verhalten, wenn es über längere Zeit hin konstant bleibt. Das bedeutet wiederum, daß das eigene Verhalten teilweise durch die aktivierten bzw. deaktivierten Teile der DNS weitervererbt werden kann.

Ein viertes Element ist die Gesellschaft, in die man hineingeboren wird – genauer gesagt, das Milieu, in dem sich die Eltern eines Kindes befinden. Auch dieses Milieu prägt das Kind – wobei sich die Eltern in der Regel das Milieu aussuchen, das zu ihnen paßt.
Die Prägung durch die Familientradition hat offensichtlich verschiedene Schichten, die alle miteinander zusammenhängen: die Vererbung durch die DNS, die Prägung durch das Verhalten der Eltern (die teilweise in der DNS codiert ist) und die Prägung durch das Milieu, in dem sich die Eltern und folglich auch das Kind befinden.

Es gibt jedoch auch noch einen fünften Einfluß: das Horoskop des Betreffenden, das seinen Lebensstil beschreibt.
Das bedeutet, daß die Prägung durch die Eltern und die Gesellschaft nur das Rohmaterial ist, das jeder Einzelne gemäß seinem persönlichen Stil nutzt, unter ihm leidet, es gestaltet und es weiterentwickelt.

Schließlich gibt es noch einen sechsten Einfluß, sofern man davon ausgeht, daß es die Reinkarnation gibt oder zumindestens die Seele einen Willen und eine Gestaltungsmöglichkeit in Bezug auf den Ort, die Zeit und die Umstände ihrer Geburt hat.

Aus der Reinkarnation und aus dieser Wahlmöglichkeit der Seele ergibt sich, daß sie einen Grund hat, sich auf eine bestimmte Weise zu inkarnieren. Die in ihrer Inkarnation vorgefundenen Lebensumstände sind also nicht etwas, unter dem die betreffende Seele in ihrer Inkarnation leidet, sondern etwas, das sie aus einem bestimmten Grund ausgewählt hat.

Wenn man will, kann man diesen Grund als Karma auffassen oder auch – etwas neutraler – als die noch nicht aufgelösten Traumata ihrer früheren Inkarnationen. Es wird jedoch auch ein freiwilliges Element vorhanden sein, also eine Wahl, die die Seele trifft – so wie man ja trotz allen Geprägtseins auch als Mensch aus seiner Psyche heraus Entscheidungen treffen kann.

Schließlich gibt es als siebtes noch einen kollektiven Aspekt: Die Famlientradition steht jederzeit bei jedem Menschen auch in einer geschichtlichen Entwicklung, die von Regierungsformen, Religionen, Weltanschauungen, Kriegen, Hungersnöten, Epidemien, Erfindungen, Handel, Techniken und dergleichen mehr geprägt wird.

Die Familientradition ist somit etwas, das ziemlich komplex ist.

Zudem wird der Einzelne zwar von ihr geprägt, aber hat auch die Möglichkeit sie zu gestalten: in seinem eigenen Leben, in seiner eigenen Familie und in der Gesellschaft, in der er lebt.

Jeder beginnt mit der Familientradition, in die er geboren worden ist und die durch seine Vorfahren gestaltet worden ist. Es ist die Aufgabe eines jeden Einzelnen, diese Familientradition und auch die Gesellschaftstradition, von der sie ein Teil ist, in eine möglichst lebenswerte Richtung hin weiterzuentwickeln.

Man erbt sein eigenes Verhalten von seinen Ahnen und lebt es entsprechend dem eigenen Horoskop und entwickelt es den eigenen Idealen und Möglichkeiten gemäß weiter.

Wenn man versucht, die eigene Familientradition zu erkennen oder auch die eines anderen, sollte man sorgfältig vorgehen. Die anfangs geschilderte Methode des detaillierten Stammbaumes ist vermutlich der sicherste Ansatz. Die so gefundenen Strukturen können dann durch andere Methoden wie Traumreisen, Familienaufstellungen, spiritistische Sitzungen und ähnliches ergänzt werden.

Dabei sollte man jedoch jedes einzelne Element überprüfen und schauen, ob es ausreichend oft auftritt, um zu der Familientradition gerechnet zu werden.

Es müssen auch nicht alle Elemente bei allen Personen in dem Stammbaum in Erscheinung treten. Oft gibt es auch mehrere Elemente, die sich gegenseitig bedingen, aber von denen manche nicht gleichzeitig gelebt werden können.

Ein Beispiel dafür ist Gewalt in der Familie, die den einen zum Täter und den anderen zum Opfer macht.

Eine weitere Variante wäre z.B. das häufige Auftreten sowohl von Personen mit sehr vielen Kindern und vielen Enkeln als auch von Personen mit vielen Kindern aber keinem einzigen Enkelkind. In solch einem Fall ist es sinnvoll zu schauen, ob diese Enkel-Anzahl stets unter Geschwistern aufgeteilt ist, ob sie alle zwei Generationen auftritt oder auf sonst eine systematische Weise verteilt ist, ob immer nur ein Kind selber wieder Kinder hat und alle Geschwister dieses Kindes ohne Kinder bleiben, ob die Enkel-reichen Personen zusätzlich noch andere Kinder adoptiert haben usw. Um solche Muster zu erkennen, muß man manchmal schon ziemlich detektivisch vorgehen und ein wenig „Sherlock Holmes" spielen – aber es lohnt sich.

Weiterhin ist es wichtig, den Einfluß des Ortes, an dem eine Familie über mehrere Generationen hinweg gelebt hat, mitzubedenken, denn möglicherweise waren dort nur sehr wenige Berufe möglich oder es waren dort bestimmte Krankheiten z.B. wegen des hohen Bleigehalts des Bodens allgemein üblich. Solche Einflüsse haben höchstens indirekt etwas mit der Familientradition zu tun.

Ein Punkt, der nur schwer einzuschätzen ist, ist z.B. eine markante Häufung der Feuer-Tierkreiszeichen (Widder, Löwe, Schütze) in einer Sippe oder eine weit überdurchschnittliche Häufung von Personen mit Skorpion-Aszendent. Hier ist es schwierig zu sagen, ob die Familientradition bestimmte Horoskope anzieht, ob die Astrologie die Familientradition geprägt hat oder ob sich bestimmte astrologische Konstellationen und bestimmte Familientraditionen gegenseitig anziehen bzw. bedingen. Letztlich ist das aber auch egal, weil man sagen kann, daß bei der Feuerzeichen-Betonung die Familientradion aktiv und cholerisch ist und daß die Familientradition bei den vielen Skorpion-Aszendenten „Biß hat".

IV   Die Geschichte des Ahnenkults

In früheren Zeiten – die garnicht soweit zurückliegen – gab es noch keine Schulen, keine Sozialversicherung, keine Krankenhäuser und ähnliche soziale Einrichtungen. Wenn man etwas lernen wollte, lernte man es von den Eltern; wenn man Rat und Hilfe brauchte, ging man zu den Eltern; wenn man in Not war, konnte man auf die eigenen Eltern bauen.

Diese ganz fundamentale Abhängigkeit von den eigenen Eltern hat dazu geführt, daß die Eltern und z.T. noch die Großeltern und die näheren Verwandten der Rückhalt im Leben war. Die Sippe war wichtiger als alles andere: Der Sippenzusammenhalt war die damalige Lebensabsicherung.

Dieser Rückhalt wurde z. T. noch durch Freundschaften und Blutsbrüderschaften ergänzt, die den Kreis der „Verwandten" ergänzt haben, auf deren bedingungslose Unterstützung man vertrauen konnte.

Diese Situation führte dazu, daß der Tod der Eltern ein heftiger Verlust gewesen ist – der einzige sichere Halt in dieser Welt war fort …

Als dann bereits in der Altsteinzeit Menschen durch ein Nahtoderlebnis erkannt haben, daß die Menschen nicht nur aus dem physischen Leib, sondern auch noch aus einer Seele (Astralkörper) bestehen, entstand natürlich sofort der Wunsch, mit den Seelen der eigenen Eltern nach deren Tod in Kontakt zu bleiben, um weiterhin von ihnen Rat und Hilfe erhalten zu können.

Die Menschen, die einen Nahtod und dabei eine Astralreise erlebt hatten, bei denen das Bewußtsein und die Wahrnehmungsfähigkeit den eigenen Körper verläßt, konnten danach durch Übung die bewußte Astralreise erlernen. Dadurch waren sie in der Lage, willentlich zu den Seelen der Verstorbenen zu reisen und sie um Rat und Hilfe für ihre Nachkommen zu bitten. Diese ersten religiösen Spezialisten werden im allgemeinen „Schamanen" genannt.

Aus dem konkreten „Vater im Jenseits" entwickelte sich dann nach und nach das Urbild des Urahns, des Sonnengottes, des Königsgottes und des „Gott Vater".

Aus der konkreten „Mutter im Jenseits" entwickelte sich nach und nach das Urbild der Große Mutter, der Muttergöttin und allgemein der Göttin.

Währen der späten Altsteinzeit und der Jungsteinzeit benutzte man den Totenschädel des Verstorbenen, den man in der Wohnhütte aufbewahrte, als Kontaktstelle zu dem betreffenden Toten. In der Jungsteinzeit hat man diese Schädel teilweise mit Ton überzogen und dann mithilfe des plastizierten Tons ein möglichst realistisches Abbild des Toten erschaffen und es dann anschließend bemalt.

Diese sehr direkte und markante (und heute meist als gruselig empfundene) Form der Kontaktaufnahme eines Lebenden zu einem Toten ist durch Shakespeare berühmt geworden und heute noch weithin bekannt: Hamlet hält einen Totenschädel vor sich in seiner Hand, blickt auf ihn und spricht die berühmten Worte: „Sein oder nicht-Sein – das ist hier die Frage."

Zu Beginn der Epoche des Königtums traten die Statuen der Toten an die Stelle ihrer Totenschädel.

Im Zeitalter des Materialismus gibt es keine solch direkten und realitätsnahen Kontaktstellen zu den Toten mehr. Im Christentum gibt es nur noch ein Kreuz mit einem Namen auf dem Friedhof und ähnliches gilt auch für das Judentum und den Islam. Etwas individueller und näher an den Lebenden waren lange Zeit z.B. die Ahnenschreine und Ahnentempel in den chinesischen Häusern und auch in einigen anderen Kulturen – doch diese direkteren Formen gibt es mittlerweile kaum noch.

Der Begriff „Ahnenkult" ist eigentlich nicht sonderlich passend, da er eine Verehrung der Ahnen suggeriert. Tatsächlich sind die Ahnen jedoch als ganz konkreter Rückhalt im eigenen Leben angesehen worden, die auf magische Weise Rat und Hilfe geben können.
Die verschiedenen Methoden, auf die dies geschehen kann, werden im nächsten Kapitel beschrieben.

V Ahnen-Kontakte

Um die eigene Familientradition weiterentwickeln zu können, ist es in vielen Fällen hilfreich, einen Kontakt zu den Ahnen herzustellen. Dies ist natürlich nicht immer notwendig, aber es ist in den meisten Fällen hilfreich.

1. Gespräche mit den Lebenden

Am einfachsten ist das Gespäch mit den eigenen Vorfahren natürlich, wenn diese noch leben – wobei das Gespräch mit den eigenen Eltern in sehr vielen Fällen allerdings auch eines der schwierigsten Dinge ist, die es für einen Menschen gibt.

Diese Gespräche können viele Aspekte und Ebenen haben:

- Man kann in Gesprächen die Gründe für das Verhalten des anderen klären und sie verstehen. Das ist oft eine wesentliche Grundlage für alles weitere.

- Es hilft oft auch weiter, wenn man die Hilflosigkeit der Eltern bei manchen Themen sehen und akzeptieren kann – und auch die Eltern dies bei ihren Kindern sehen.

- In vielen Fällen ist es auch notwendig, das Verhalten der Eltern vor dem historischen Hintergrund sehen und zu verstehen. So können Kriege, Armut, Flucht, Epidemien usw. die Eltern dazu gezwungen haben, sich vollständig auf das Überleben zu konzentrieren, wodurch sie keinerlei Raum für die feineren Gefühle gehabt haben.
Dies trifft z.B. für die Menschen zu, die kurz vor oder während des Zweiten Weltkrieges oder in der Nachkriegszeit geboren worden sind.

- Es ist fast immer eine wesentliche Grundlage, die Verschiedenheit von Eltern und Kind akzeptieren. Die Eltern sind oft so anders als man selber, daß man von ihnen nicht verstanden wird – und die Eltern wollen oft einfach in ihrem Kind eine Kopie von sich selber finden.

- Es ist weiterhin notwendig, den guten Willen der Eltern zu erkennen – auch wenn deren guter Wille in eine Richtung gehen mag, die für einen selber vollkommen unpassend ist. Der gute Wille der Eltern ist fast immer da, aber es mangelt oft an den Einsichten in die Verschiedenartigkeit von Eltern und

Kindern sowie an den konkreten Fähigkeiten.

- Abgesehen von den Unterschieden auf der emotionalen Ebene und in Bezug auf die Vorstellungen über ein „gutes Leben" gibt es aber auch noch die Tatsache, daß die Eltern ihr Kind gezeugt und geboren haben, daß sie es ernährt und gekleidet haben und in vielen materiellen Hinsichten unerstützt haben.

- Die Verschiedenheit, die sich oftmals zwischen Eltern und Kindern findet und die zu gegenseitigen Verletzungen und Vorwürfen führen kann, ist etwas, das man erkennen und sich gegenseitig verzeihen kann.
Dadurch kann man schließlich zu einem Frieden mit den eigenen Eltern finden, auch wenn keine Kooperation möglich ist.

Die hier beschriebenen Gesprächsthemen mit den Eltern und evtl. auch mit den Großeltern sind finden in vielen Fällen im Zusammenhang mit Therapien statt, die man begonnen hat, wenn man merkt, daß die Prägung durch die eigenen Eltern dazu geführt hat, daß man selber alles andere als frei und selbstbestimmt ist.
Bei diesen Gesprächen geht es nicht um die Funktion, die die Eltern im Zusammenhang mit dem „Ahnenkult" haben, also nicht um Rat und Hilfe beim ganz konkreten Überleben. Diese Aufgaben hat in vielen Ländern die Sozialfürsorge, also Krankenversicherungen, Arbeitslosenversicherung, Rente u.ä. übernommen.
In Ländern, in denen es eine solche Sozialfürsorge jedoch nicht oder nur in sehr eingeschränktem Maße gibt, haben die Eltern, die Sippe und die Ahnen jedoch weiterhin die Aufgabe des allgemeinen Rückhalts in Lebenskrisen. Dies sind nicht nur „arme Länder in Afrika", sondern auch die ganzen Länder, die stark von liberalem Gedankengut geprägt sind wie z.B. die USA, in der jegliche staatlich regulierte Sozialversichrung von einem großen Teil der Bevölkerung als „Freiheitsberaubung" und als „Kommunismus" angesehen wird.

2. Träume

Manchmal melden sich Verstorbene in Träumen. Natürlich kann man auch einfach einmal von einem Verstorbenen träumen, der einem wichtig gewesen ist. Es sollte also schon ein besonderer Traum sein, bevor man zu überlegen beginnt, ob sich in dem Traum ein Toter aus dem Jenseits bei einem gemeldet hat.
Es gibt verschiedene Merkmale, die ein Hinweis darauf sein können, daß der Traum von einem Toten tatsächlich auch ein Kontakt zu diesem Toten gewesen ist.

- Der Tote ist dem betreffenden Traum ein Fremdkörper, der den Ablauf des Traumes stört – evtl. sogar so sehr, daß man davon aus dem Traum erwacht.

- Der Tote erscheint in dem Traum auf dieselbe Weise, wie man die meisten Geister in Spukhäuser sieht, d.h. er steht eher verwirrt und nur halbbewußt da und schaut vor sich hin und weiß eigentlich nicht, was er tut.

- Mehrere Personen träumen gleichzeitig von dem Toten.

- Mehrere Personen träumen gleichzeitig denselben Traum von einem Toten.

- Man erhält von dem Toten eine Botschaft, die sich dann am nächsten Tag bestätigt.

- Jedesmal, wenn man von dem Toten träumt, geschieht am nächsten Tag etwas auffällig Gutes.

Es gibt noch mehr mögliche Hinweise darauf, daß man wirklich einen Kontakt zu dem betreffenden Verstorbenen gehabt hat, aber die genannten Merkmale scheinen mir die wichtigsten zu sein.

3. Familienaufstellung

Die systemische Familienaufstellung ist sozusagen eine Form der kollektiven Telepathie. Eine solche Aufstellung geht wie folgt vor sich:

- Eine Gruppe von ca. einem Dutzend Personen trifft sich bei einem Aufstellungs-Leiter.

- Einige dieser Teilnehmer haben ein Anliegen. Einer von ihnen trägt sein Anliegen kurz vor.

- Der Aufstellungsleiter entscheidet nun, welche Personen und Dinge er in dem Problem des Teilnehmers zunächst einmal am wichtigsten findet – z.B den Teilnehmer selber, dessen Großvater und dessen Bruder und evtl. noch die Armuts-Angst dieses Teilnehmers.

- Dann wird gefragt, wer den Teilnehmer, den Großvater, den Bruder und die Angst darstellen will.

- Dann stellen sich die vier Teilnehmer, die diese drei Personen und die Angst verkörpern sollen, in den Raum, der die „Bühne" für diese Aufstellung ist – z.B. ein großer Teppich in der Mitte des Raumes.

- Nun sollen die Teilnehmer sich so bewegen und evtl. kurz etwas sagen, wie es ihnen intuitiv kommt.

- Das Erstaunliche ist, daß diese vier Teilnehmer sich genau so verhalten, wie es den Personen und der Angst entspricht, die sie darstellen – obwohl sie über diese Personen und die Angst so gut wie garnichts wissen. So hinkt der Teilnehmer, der den Großvater darstellt, auf einmal auf seinem linken Bein und ist sehr aggressiv; der Teilnehmer, den den Bruder darstellt, ist sehr dominant und raumeinnehmend; der Teilnehmer, der den Ratsuchenden darstellt, ist ängstlich und zurückhaltend – und der Teilnehmer, der die Armutsangst selber darstellt, weicht nicht von der Seite des Ratsuchenden.
All dies geschieht, ohne daß die Teilnehmer etwas darüber wissen – sie sind telepathisch mit dem bereits toten Großvater, dem noch lebenden Bruder und dem noch lebenden Fragesteller verbunden und verhalten sich daher exakt wie diese. Diese Präzision der „intuitiven Darstellung", also dieser kollektiven Telepathie, kann bis in viele Details hinein reichen.

- Der Aufstellungsleiter gibt den Darstellern Anregungen, was sie ausprobieren können, welche Vorschläge sie einander machen können, wonach sie einen anderen Darsteller fragen können usw.
Das Ziel dabei ist, die Ursache z.B. der Armuts-Angst herauszufinden und sie schließlich aufzulösen – z.B. indem sie mit den passenden Worten und Gesten dem Großvater zurückgegeben wird, bei dem sie während des Zweiten Weltkrieges entstanden ist.

- Der Fragesteller tritt gegen Ende der Aufstellung selber in seine Rolle auf der Bühne, d.h. er stellt sich dorthin, wo bisher sein Stellvertreter gestanden hat. Das ermöglicht dem Betreffenden, die gefunden Zusammenhänge und die Lösung, die er anfangs nur von außen her als Zuschauer betrachtet hat, nun selber als Teil der Familienaufstellung zu erleben.

Es gibt bei Familienaufstellungen verschiedene Ansätze, wie die Harmonie im System wiederhergestellt werden kann und in dem angeführten Beispiel der

18

Teilnehmer von seiner Armuts-Angst befreit werden kann.

Die wichtigsten dieser Ansätze sind:

- Man klärt die Situation, d.h. man versucht herauszufinden, wie es eigentlich zu dem vorliegenden Problem gekommen ist und woher es stammt.

- Man gibt Probleme mit den pasenden Gesten und Worten demjenigen zurück, bei dem sie entstanden sind.

- Man geht in der Ahnenreihe bis zu dem Ahn zurück, der ein bestimmtes Problem noch nicht gehabt hat und läßt ihn einen Segen, d.h. das nicht von dem Problem behaftete Verhalten, die Ahnenreihe hindurch bis zu dem Fragesteller durchreichen.

- Man bezieht die Seele des Fragestellers mit ein und sucht mit ihrer Hilfe nach einer Lösung.

- Man beschränkt sich darauf, einen nächsten sinnvollen Schritt, den der Fragesteller tun kann, zu erkennen.

- Man sucht ohne konkretes Konzept jedesmal aufs Neue nach einer Lösung.

Die Wirkung einer solchen Aufstellung kann sehr verschieden sein: Sie kann von dem sofortigen Gelöstwerden des Problems bis hin zu einer allmählichen Verbesserung des Problems reichen. Die Wirkung ist – wie bei fast allen Methoden – am größten, wenn der Fragesteller einen großen Leidensdruck und zugleich eine große Entschlossenheit, sein Problem zu lösen, hat.

Die Deutung einer solchen Aufstellung, also die Erklärung, was dabei eigentlich geschieht, ist nicht ganz einfach. Man erlebt viele Szenen tatsächlich wie Gespräche mit den Toten, die durch die Stellvertreter auf der Aufstellungs-Bühne dargestellt werden – die Darsteller wissen auch auf einmal Dinge, die ihnen völlig unbekannt gewesen sind. Das ist natürlich auf jeden Fall eine gute Annäherung an einen Kontakt mit den Ahnen – und diese Aufstellungen sind ja auch eine Übertragung der Methoden, die die südafrikanischen Schamanen im Totenkult verwenden, in die Sprache der Psychologie.

Wenn man mit der Deutung dieser Phänomene vorsichtig sein will, kann man zunächst einmal nur von einer sehr effektiven Form der kollektiven Telepathie sprechen – was ja schon einmal recht viel ist und zudem auch schon vielen Menschen geholfen hat.

4. Spiritismus

Im Spiritismus wird meistens ein eher mühsames Verfahren verwendet: das Ouija-Brett. Auf diesem Brett ist das Alphabet, einige Zahlen sowie einige Worte wie „Ja" und „Nein" kreisförmig am Rand aufgeschrieben. Auf diesem Brett steht ein Trinkglas mit der Öffnung nach unten oder ein kleines Brett, unter dem sich Rollen befinden, die nach allen Richtungen hin beweglich sind.

Alle Teilnehmer sitzen in einem Kreis rings um einen Tisch und legen einen Finger oben auf dieses Glas oder das „Rollbrett". Dann stellt einer der Teilnehmer an einen bestimmten Toten ein Frage. Aus den Bewegungen, die das Glas aufgrund der unbewußten Bewegungen der Teilnehmer macht, bewegt sich das Glas nacheinander zu verschiedenen Buchstaben usw. Daraus ergibt sich dann die Antwort des Toten.

Dieses „Glas-Rücken" ist im Grunde derselbe Vorgang wie beim Pendeln, nur das man das Pendeln individuell und das „Glas-Rücken" kollektiv durchführt. Manchmal bewegt sich dabei auch der gesamte Tisch, was zu dem Begriff „Tische-Rücken" geführt hat.

Diese spiritistischen Sitzungen haben des öfteren Nebenwirkungen wie umfallende oder kurzzeitig schwebende Gegenstände oder die Materialisierung von Gegenständen.

Es kommt auch vor, daß manche Teilnehmer anschließend Dinge erleben, die von genau den Qualitäten geprägt sind, die zuvor in der spiritistischen Sitzung aufgetaucht sind.

Auch hier können Informationen von Toten erlangt werden, die anschließend durch Nachforschungen bestätigt werden können – es handelt sich also wieder zumindestens um kollektive Telepathie.

5. Medium

Diese Methode ist der Zeit nach dem 2. Weltkrieg recht populär gewesen. Ein Magier (meist ein Mann) versetzt ein Medium (meist eine Frau) in Trance, d.h. in einen der Hypnose sehr ähnlichen Zustand. Dann stellt der Magier dem Medium Fragen über Dinge, die sie nicht wissen kann – z.B. die Nummer auf dem Personalausweis eines der Teilnehmer. Dies ist auch des häufige und recht beliebte Varieté-

Nummer gewesen. Mit dieser Methode kann man auch Kontakt zu Toten aufnehmen.

Es gibt jedoch auch Medien, die sich selber in diesen Zustand versetzen können und dann in einem der Traumreise ähnlichen Zustand ihnen unbekannten Personen das Aussehen ihrer Wohnung und das letzte Gespräch mit ihrem Partner beschreiben können. Auch diese Medien können Kontakt zu Toten aufnehmen und wissen dann Dinge, die sie eigentlich nicht wissen können.

Diese Methode ist der telepathischen Suche nach verlorenen Dingen sehr ähnlich: Man richtet seine Aufmerksamkeit auf das Gesuchte und sieht es dann vor sich.

Bei den Kontakten zu Toten, die „per Medium" geschehen, gibt es ein auffälliges Phänomen: Oft haben die Toten Wünsche an ihre Nachkommen, die diese Nachkommen ihnen zu Lebzeiten niemals erfüllt hätten – aber nun, da sie tot sind, haben ihre Nachkommen eine solche Scheu vor ihnen toten Vorfahren, daß sie bereit sind, fast alles zu tun, was ihre Vorfahren wollen. Das ist offensichtlich kein sinnvolles Verhalten der Lebenden gegenüber ihren verstorbenen Vorfahren.

Auch diese Vorgänge lassen sich zunächst einmal als eine mehr oder weniger komplexe Telepathie beschreiben. Ob diese Telepathie dabei einen Kontakt zu den Toten herstellt, bleibt zunächst einmal offen – aber man kann auf diese Weise Dinge herausfinden, die ansonsten nicht zugänglich gewesen wären.

6.   Kontaktaufnahme durch den Toten

Manchmal geht die Kontkataufnahme auch von den Toten selber aus. Der häufigste Fall ist vermutlich das Auftreten im Traum. Der berüchtigste Fall ist das Spuken des Geistes eines Verstorbenen in dem Haus, in dem er gewohnt hat.

Ein weiterer Fall ist die spontane Übertragung von Fähigkeiten des Toten auf einen seiner Nachkommen. So habe ich z.B. einmal in dem Bioladen, den 20 Jahre mitgeleitet habe, ein paar neue Wände gemauert und anschließend verputzt. Ich wußte zwar durch meinen Vater, der am Bau gearbeitet hat, welche Werkzeuge man dafür benutzt und wie man sie anfaßt, aber ich hatte keinerlei eigene Erfahrung damit – entsprechend mühsam war auch die Arbeit. Doch auf einmal habe ich eine Wand in Windeseile verputzt und sie war vollkommen glatt und gerade. Ich war völlig verblüfft und habe dann aber gemerkt, daß ich dabei das Gefühl gehabt hatte, daß mein verstorbener Vater meine Hand geführt hat. Da habe ich mich innerlich an ihn gewandt und ihm gesagt, daß er mich das nächste Mal fragen soll, bevor er eingreift. Dem hat er zugestimmt.

Auch die Träume von meinem verstorbenen Freund Jörg, in denen er mir erschienen ist und plötzlich auf derart völlig „unpassende" Weise in einem Traum dastand, daß ich davon auf gewacht bin. An den Folgetagen ist dann jeweils eine sehr angenehme

Sache geschehen, von der ich annehme, daß Jörg da auf irgendeine Weise seine Hand im Spiel hatte.

7. Traumreisen

Da die Telepathie die Wahrnehmung des Unterbewußtseins ist und die Traumreise die bewußte Koordiantion des Wachbewußtseins mit dem Traumbewußtsein/Unterbewußtsein ist, sind Traumreisen gut dafür geeignet, bewußte Telepathie durchzuführen und somit auch Kontakt zu den Ahnen aufzunehmen.

8. Friedhof

In der Jungsteinzeit und möglicherweise auch schon in der mittleren und späten Altsteinzeit gab es den Brauch, die Totenschädel der Ahnen aufzubewahren und sie als „Tor" zu den Ahen zu benutzen, um weiterhin Rat und Hilfe von ihnen zu erhalten.

Möglicherweise gab es in der späten Altsteinzeit (50.000-10.000 v.Chr.) auch schon Totempfähle, die einem bestimmten Toten zugeordnet gewesen sind und daher als Tor zu ihm dienen konnten. Die Totempfähle an sich sind für die Jungsteinzeit und die späte Altsteinzeit sicher nachgewiesen.

Ab der frühen Jungsteinzeit (10.000-8.000 v.Chr.) wurden in Mesopotamien auch Ahnen-Pfeiler, d.h. stilisierte Darstellungen der Ahnen aus Stein als Kontaktstelle verwendet.

In der mittleren Jungsteinzeit (7.000-5.000 v.Chr.) gab es in Mesopotamien weiterhin den Brauch, die Totenschädel der Verstorbenen aufzubewahren, aber sie wurden damals mit Ton überzogen und bemalt, sodaß eine möglichst realistische Darstellung des Toten entstand.

Seit der mittleren Jungsteinzeit wurden Hügelgräber errichtet (ab 5.000 v.Chr.), die dann auch für die Lebenden als die Kontaktorte zu ihren toten Ahnen in diesen Hügelgräbern gedient haben. Dazu setzte man sich in der Regel an oder auf dieses Hügelgrab und sprach dann mit den Toten in diesen Hügelgräbern.

Seit dem Beginn der Epoche des Königtums (Ägypten, 3.250 v.Chr.) wurden sowohl realitätsnahe als auch idealisierte steinerne Statuen der Toten sowie Totentempel hergestellt, um eine Kontaktmöglichkeit zu den Toten zu haben.

Ab der mittleren Epoche des Königtums (ca. 500 v.Chr.) gab es allgemein eher einfache Friedhöfe, auf die man ging, um innerlich mit den Toten zu sprechen.

Der Totenschädel oder die bestattete Leiche des Toten und manchmal auch die Statue des Toten, die sich an dem Ort der Bestattung befand, war generell der Ort, an dem man mit den Toten Kontakt aufnehmen konnte. Die allgemeine Vorstellung dabei ist, daß man die Seele des Toten vorübergehend in seinen Totenschädel, in seine Statue, auf sein Grab usw. ruft und dann mit ihm sprechen kann. Manchmal mußte dafür zunächst der Totenschädel, die Statue usw. mithilfe von Räucherungen, Opfergaben, Hymnen u.ä. mit Lebenskraft aufgeladen werden, um ein passendes „Gefäß" für die Seele sein zu können.

9. Toten-Beschwörungen

In den alten Kulturen wa es das Normalste, mit den Toten zu sprechen und sie um Rat und Hilfe zu bitten.

Daraus ergab sich zu Beginn der christlichen Missionierungen in Mitteleuropa für die Missionare ein großes Problem: Wie sollten sie den „Heiden" klarmachen, daß sie nicht mehr ihren eigenen toten Vater um Hilfe bitten durften, sondern sich nur noch Gott Vater wenden sollten?

Dieses Problem ließ sich nur dadurch lösen, daß die Missionare die allgemeine Angst vor dem Tod dafür benutzten, um ein Jenseits-Schreckensszenario zu erschaffen. Dabei waren die Missionare ausgesprochen gründlich.

Sie erschufen dafür – aufbauend auf der Mythologie der „Heiden" – die folgenden markanten und in Europa noch heute allgemein bekannten Bilder:

- Die Höhle in dem Hügelgrab, also die Grabkammer, wurde zur Hölle umgedeutet – aus der „Höhle" wurde die „Hölle". Dieser Ort war zwar zunächst einmal noch recht neutral, aber als Ort der Toten eben auch gefürchtet, weil man selber weiterleben wollte.

Das Hügelgrab ist ursprünglich der Bauch der Erdgöttin gewesen, die mit der Seele des Toten schwanger war, bevor sie den Toten im Jenseits wiedergebar.

Das „gute christliche Bild", das an die Stelle dieser Vorstellungen gesetzt wurde, war der Friedhof bei der Kirche.

- Damals war die Feuerbestattung weit verbreitet und es gab auch die Kombination von Feuerbestattung und Hügelgrabbestattung. Das ließ sich recht einfach zu einem „Feuer in der Höhle" kombinieren, was dann das Höllenfeuer ergab.

Ursprünglich war das Feuer eine Möglichkeit, den Toten in das Jenseits zu senden. Man hatte zuvor die Gaben an die Toten symbolisch getötet, damit sie zu den Toten ins Totenreich gelangen konnten – dies konnte durch Zerbrechen, Verbrennen, das Versenken im Moor usw. geschehen. Dieses Verbrennen wurde dann schließlich auch auf die Leiche des Toten selber angewandt.

Das „gute christliche Bild", das an die Stelle dieser Vorstellungen gesetzt wurde, war das christliche Bestattungsritual.

- Es gab nicht nur auf einigen exotischen Inseln, sondern auch bei den Indogermanen (Skythen), bei den Ägyptern im Frühen Alten Reich und etlichen anderen Völkern den Brauch, das Fleisch der Leiche des Toten zusammen mit dem Fleisch der Opfertiere zu kochen und zu verspeisen, um die Lebenskraft des Toten für seine Nachkommen zu bewahren. So ist z.B. der weitaus längste Text in den Pyramiden die Kannibalismus-Hymne.

Dieser sehr alte und weitverbreitete Brauch ließ sich durch die Missionare sehr einfach zusammen mit dem Höllenfeuer-Moitv zu einem generellen Zerstückeln und Kochen der Toten in der Hölle umdeuten, das nun als eine Folter und Bestrafungsmethode für die „Sünder" angesehen wurde.

Hier gab es kein „gutes christliche Bild", das an die Stelle dieser Vorstellungen gesetzt wurde – es sei denn, man würde das Paradies für die tugendhaften Menschen als solch ein Bild ansehen wollen.

- Die Vorstellung einer Wiedergeburt der Toten im Jenseits durch die Jenseitsgöttin wurde schon früh durch eine Wiederzeugung und ein Wiederstillen ergänzt.

Aus dem Wiederstillen entwickelte sich im Laufe der Zeit der Ritualtrank, der bis hin zum Lebenselixier und zum Abendmahlswein reicht.

Die Wiederzeugung war jedoch ein Problem: Man mußte als Toter, wenn man mit der Jenseitsgöttin zusammenlag, Erfolg bei seiner Wiederzeugung haben, denn Impotenz bedeutete, daß man dann nicht wiedergeboren wurde. Und die Kombination von Todesangst und Sexualität ist nicht gerade potenzfördernd …

Also tötete man ein männliches Herdentier und wickelte das Fell dann um den Toten, um ihm magisch die Zeugungskraft dieses Herdentieres zu übertragen – diese Tiere mußten schließlich sehr zeugungsstark und fruchtbar sein, da sie sonst nicht in Herden auftreten würden. Die Jenseitsgöttin nahm bei dieser Wiederzeugung die Gestalt des entsprechenden weiblichen Herdentieres an: Die keltische Epona wurde zu einer Stute, die griechische Io wurde zu einer Kuh, die Dakota-Göttin Pte-san-win wurde zu einer weißen Büffelfrau, die germanische Muttergöttin wurde zu einer Hindin (Hirschkuh), die germanische Freya wurde zu der Ziege Heidrun usw.

Durch das Motiv der Wiederzeugung in Herdentier-Gestalt entstanden auch die vielen Mensch-Herdentier-Mischgestalten. Der Wiedergeborene war nach der Wiedergeburt zunächst einmal ein Junges dieser Herdentier-Art – dies findet sich noch bei dem wiedergeborenen Christus als „Lamm Gottes".

Diese Mensch-Herdentier-Mischgestalten wie die die griechischen Zentauren, der griechische Pan, der keltische Cernunnos, der kretische Minotaurus, der ägyptische Chnum usw. waren zunächst die Ahnen im Jenseits. Diese Gestalt wurde von den Missionaren aufgegriffen und zu dem Urbild der Bedrohung im Jenseits umgeformt: der Teufel mit den Ziegenbockshörnern und dem Pferdefuß.

Diese Wiederzeugungs-Jenseitsvorstellung paßt offensichtlich nur für die männlichen Toten. Eine weibliche Version davon scheint es nicht gegeben zu haben.

Das „gute christliche Bild", das an die Stelle dieser Vorstellungen gesetzt wurde, waren die tugendhaften Toten im Paradies und die Sünder in der Hölle.

- Das zentrale Motiv im Jenseits ist die Jenseitsgöttin gewesen, mit der sich der Tote wiederzeugt, die den Toten wiedergebiert und anschließend wiederstillte. Sie war ein größeres Problem für die Missionare, denn das Bild der Mutter ist derartig fest als „gutes Bild" verankert, daß es sich nicht zu einem „bösen Bild" umwandeln ließ. Also versuchten sie eine Umwandlung der Jenseitsgöttin zur „bösen Stiefmutter", aber letztlich hat sich das Bild von „des Teufels Großmutter" als das weibliche Jenseits-Schreckensbild durchgesetzt.

Das „gute christliche Bild", das an die Stelle dieser Vorstellungen gesetzt wurde, war die Jungfrau Maria.

- Um das Ganze abzurunden, wurde der Hund als Begleiter des Schamanen noch zum Höllenhund umgedeutet.

Hierfür scheint es kein „gutes christliche Bild" zu geben, das an die Stelle dieser Vorstellungen gesetzt wurde – es sei denn, man würde Petrus am Himmelstor als den Nachfolger des Hundes als Jenseitswächter ansehen.

Die Kontakte der „Heiden" mit ihren verstorbenen Ahnen waren das größte Hindernis für die Missionare, da die „Heiden" ihren Rückhalt eben bei ihren Vätern statt bei Gott Vater suchten. Daher mußten die „Gespräche mit den Ahnen" mit aller Macht unterbunden werden. Das ist den Missionaren auch derart gründlich gelungen, daß es selbst heute kaum etwas gibt, das die meisten Menschen als so unheimlich und gruselig empfinden wie eine Totenbeschwörung um Mitternacht bei Vollmond an einem einsamen Kreuzweg …

Das Holen von Rat und Hilfe von den Ahnen, indem man sie aus ihrem Grab herausruft und dann mit ihnen spricht, wird oft auch „Nekromantie" genannt.

10. Ahnenkult

Der Begriff „Ahnenkult" stammt aus der Religionswissenschaft und ist ein bißchen irreführend, da er so klingt, als würden die Lebenden etwas für ihre Toten tun, obwohl es doch so ist, das die Lebenden ihre Ahnen um Rat und Unterstützung bitten.

Es gibt durchaus die Vorstellung, daß man den Ahnen etwas opfern muß, damit sie im Jenseits weiterleben können, doch das ist nur eine irrtümliche Weiterentwicklung des Motivs des gemeinsamen Mahles der Lebenden mit ihren verstorbenen Vorfahren.

Auch der Ahnenschrein dient nicht in erster Linie dem Toten – z.B. dafür, daß er nicht in Vergessenheit gerät – sondern den Lebenden, damit sie einen Ort haben, an dem sie ihre Ahnen erreichen können. Dieselbe Funktion haben auch die Totenschädel und die Ahnenstatuen.

11. Tänze

In Afrika – aber nicht nur dort – gibt es Tänze und Lieder, mit denen die Ahnen aus der Wildnis zu den Festen herbeigerufen werden. Bei diesen Tänzen werden in Afrika Ritual-Trommeln benutzt, die „Yokoto" heißen und einen besonders tiefen Baß haben. Sie sind gut 2m hoch und werden mit S-förmig gebogenen Trommelschlägern gespielt, damit man sozusagen von unten her das Trommelfell, das man als Trommler gar nicht sehen kann, weil es so weit oben ist, spielen kann.

Bei diesen Festen ist die Einladung an die Ahnen etwas ganz Normales. Das Singen solcher Ahnen-Einladungs-Lieder hat hingegen eine ganz besondere Stimmung – man spürt sofort die Kraft, die durch diese Lieder wachgerufen wird – eben die Anwesenheit der Ahnen.

Da solche Lieder in Europa unbekannt sind, folgt hier als Beispiel ein Ahnen-Lied der Ewe aus Ghana in Westafrika:

Adsia dogbelo, meka we enyoto milayowoda;
Adsia dogbelo, meka we enyoto milayo.
Yokoto adiga, todemea yokoto adigo, milewoge;
Adsia dogbelo, meka we enyoto milayo.
Laleh mulo, lale ma hewa,
yeddekanetschitodome laleh mu loh.

Die ersten vier Zeilen werden sehr kraftvoll gesungen, während die beiden letzten Zeilen sehr weich und melodisch klingen sollten.

Der Übergang bei der Silbe „he-" in der vorletzten Zeile von e nach fis sollte weich sein. Der Übergang bei der letzten Silbe des Liedes („-lo") ist sehr fließend: zunächst wird das e gehalten, dann sinkt der Ton langsam auf das d herunter und wird dann dort gehalten.

Der Text dieses Liedes beutet sinngemäß übersetzt:

Hört ihr die Yokoto-Trommeln?
Das Ritual beginnt!
Kommt, laßt uns hingehen.
Kommt, ihr Ahnen aus dem Busch,
kommt zu uns zu dem Fest!

„Yokoto" ist die Baßtrommel; „Adigo" bedeutet „erklingen"; „todemea" heißt „hörst Du?".

Dieses Lied und der dazugehörige Tanz wird u.a. unter der Leitung von Papafiu (Ebenezer Quartay) von der Trommel- und Tanz-Gruppe Kalifi („Lebensfeuer") gelehrt. Es wird in der Regel zu einem Kreistanz gesungen, der einen speziellen Grundschritt hat, bei dem man abwechselnd zweimal mit dem linken und zweimal mit dem rechten Fuß auf den Boden stampft.

12. Brauchtum

Es gibt allerlei Brauchtum rings um die Toten wie Totenmessen, Besuche bei ihnen an Allerheiligen, Gedenktagen und ähnliches. Es ist im Christentum jedoch nicht allgemein üblich, sich wirklich ganz konkret an die Ahnen zu wenden, um von ihnen Rat und Hilfe zu erhalten.

Auch hier haben die Missionare gründliche Arbeit geleistet: Man wendet sich heute an die Heiligen, wenn man Rat und Hilfe braucht, und nicht mehr an die Ahnen. Da sich das Prinzip der „hilfreichen Toten" damals trotz aller Bemühugnen einfach nicht aus der Welt schaffen ließ, wurden bestimmte vorbildhafte Christen dafür ausgewählt, diese Rolle einzunehmen – eben die Heiligen.

Dasselbe Verfahren, das bei den Ahnen so erfolgreich gewesen ist, wurde dann auch bei den Seelenvögeln der Toten angewendet. Das weltweit verbreitete Motiv der Seelenvögel ist durch das Erlebnis eines Nahtodes entstanden, bei dem man sich selber als über dem eigenen Leib schwebend erlebt („Astralreise"). Daher wurde die Seele als Vogel dargestellt – sie kann schweben bzw. fliegen. Die allgemeine Darstellung der Toten als Seelenvogel bzw. als Mensch mit Flügeln wurde im Judentum, im Christentum und im Islam zu den Engeln als den „Heerscharen Gottes" umgedeutet.

Ein kleiner Rest ist von den alten Vorstellungen jedoch übrig geblieben: der „Heilige Schutzengel" eines Menschen, der heute in aller Regel als ein Wesen außerhalb von einem selber aufgefaßt wird – bis man erkennt, daß dieses Wesen die eigene Seele, d.h. die eigene Mitte ist.

In anderen Ländern wie z.B. in Mexiko ist der „Totenkult" in seiner ursprünglichen Form erhaltengeblieben. Dort ist der „Dia de los Muertos", also „Der Festtag der

28

Toten" am 1. und 2. November zwar dem Termin nach eine Entsprechung zu dem christlichen Allerheiligen, aber im Gegensatz zum Christentum ist es ein fröhliches Fest, bei dem sich die Teilnehmer selber als Tote mit Totenköpfen und mit Gerippe-Kostümen verkleiden. Der Kontakt zu den Toten ist bei diesem Fest noch viel lebendiger und direkter und vor allem angstfreier als in Europa.

VI Gen-Egoismus und Überbevölkerung

Die Lebenden haben ein Interesse, weiterhin von ihren Ahnen, d.h. vor allem von ihren Eltern, Rat und Hilfe zu erhalten. Doch auch die Ahnen haben ein Interesse daran, ihre Nachkommen zu unterstützen, wie man auf Traumreisen, in spiritistischen Sitzungen u.ä. immer wieder feststellen kann.

Der Grund für dieses Engagement der Toten für ihre Nachkommen ist der „Gen-Egoismus": Die Eltern leben sozusagen in ihren Kindern weiter. Daher ist neben dem Selbsterhaltungstrieb der Sexualtrieb die stärkste Motivation in den Menschen: Die Menschen wollen nicht nur sich selber, sondern auch die Menschen an sich erhalten – insbesondere natürlich die eigenen Nachkommen, mit denen sie gewissermaßen identifiziert sind.

Dieser Zusammenhang motiviert die Ahnen dazu, ihren Nachkommen zu helfen – sowohl dann, wenn ihre Nachkommen sie darum bitten, als manchmal auch aus eigenem Ansporn, wenn sie sehen, daß ihre Nachkommen Rat und Hilfe brauchen können.

Das gilt natürlich nicht nur für die verstorbenen Eltern und Großeltern eines Menschen, sondern auch für andere verstorbene Verwandte und für verstorbene enge Freunde dieses Menschen.

Hier tut sich jetzt allerdings ein Problem auf: Das zentrale Problem der Menschheit ist derzeitig die Überbevölkerung – 8 Millarden sind zuviel für die Erde, 1 Millarde wäre weitaus angemessener. Dann gäbe es unter anderem auch nicht mehr das Problem der Klimaerwärmung, da weitaus weniger Kohlendioxyd ausgestoßen werden würde.

Die Ahnen (bzw. die Gene) fühlen sich am sichersten, wenn sie viele Nachkommen haben – die Erde bleibt hingegen am ehesten bewohnbar, wenn es deutlich weniger Menschen auf ihr gäbe. Dieser Widerspruch ist ein derzeit ein sehr großes und die Existenz der Menschen auf der Erde bedrohendes Problem …

Durch drei Generationen von 1-Kind-Familien (was die Weltbevölkerung von 8 Milliarden auf 1 Milliarde reduzieren würde) und anschließend wieder allgemein die 2-Kinder-Familie (was die Weltbevölkerung konstant halten würde) würde das Problem der Überbevölkerung und nebenher auch das Problem der begrenzten Rohstoffe innerhalb von 100 Jahren gelöst werden. Doch eine solche Zurückhaltung bei der Familienplanung entspricht nicht den Instinkten der Ahnen und der Gene, d.h. der Sexualität.

In China ist die „1-Kind-Familie" weitgehend durchgesetzt worden – allerdings als von oben her verordnetes und bei Verstößen mit entsprechenden Strafen versehenes Verhalten. In einem demokratischen System müßte eine solche Vorschrift auf der

Einsicht in die Notwendigkeit eines solchen Verhaltens beruhen – und Einsicht in die Folgen des eigenen Handelns ist erfahrungsgemäß leider nicht gerade die größte Stärke der Menschen …

Manche Menschen führen auch das Anti-Kinder-Argument an, daß die Welt heute derartig schlimm ist, daß sie es nicht verantworten könen, Kinder in die Welt zu setzen. Aber wenn man sich die Geschichte der Menschen einmal genauer anschaut, sieht man schnell, daß es immer und zu allen Zeiten reichlich Probleme gegeben hat.

VII Geister

Wenn Ahnen von sich aus so deutlich auf sich aufmerksam machen, daß man sie ohne eigenes Bemühen wahrnehmen kann, spricht man von „Geistern". Diese Phänomene habe ich zwar schon in „Geister für Anfänger" beschreiben, aber da diese Phänomene auch für den Kontakt zu den Ahnen von Bedeutung sind, werden im Folgenden ein paar dieser Phänomene noch einmal aufgeführt.

Üblicherweise treten diese Geister- und Spuk-Phänomenen nur unter bestimmten Umständen auf, die weltweit dieselben zu sein scheinen, also recht sicher auf einer inneren Logik der „Geister-Entstehung" beruhen:

- Einer dieser Umstände ist die Todesart. Wenn ein Tod gewaltsam gewesen ist, ist die Wahrscheinlichkeit größer, daß ein Geist entsteht, d.h. daß der Tote traumatisiert ist und an dem Ort, an dem er gestorben ist, „umgeht" und dort „spukt". Solche Orte sind Schlachtfelder, Kerker, Galgenberge, Hinrichtungsstätten und ähnliches.

Auch Orte, an dem ein Mensch Selbstmord begangen hat, sind typische Spuk-Orte – sie machen einen großen Anteil an den Spukhäusern aus.

Schließlich gehören auch noch – was ja naheliegend ist – Friedhöfe und alte Gruften zu diesen „Geister-Orten."

- Einer weiterer dieser Umstände ist der Ort. So gibt es z.B. bei Burgen und Schlösser einfach deshalb, weil diese Gebäude so alt sind, eine große Wahrscheinlichkeit, daß es dort zu Ereignissen gekommen ist, die einen Geist haben entstehen lassen. Dies können Morde, Selbstmorde, tödliche Foltern u.ä. sein – zudem gab es oft auch Streitigkeiten mit tödlichem Ausgang um Burgen und Schlösser …

- Ein weiterer Umstand ist die Situation. So kommt es in Kriegszeiten vermehrt zu Spukerscheinungen – sowohl auf Schlachtfeldern als auch bei Menschen, die für solche Phänomene sensibel sind oder die jeden Tag intensiv meditieren oder Magie betreiben und deshalb umherirrende Geister anziehen.

Es gibt verschiedene Phänomene, die durch solche Geister hervorgerufen werden:

- Das harmloseste Phänomen ist das „sich unwohl fühlen" und das „sich beobachtet fühlen". Dieses Phänomen scheint vor allem Nachts aufzutreten, wenn es an dem betreffenden Ort völlig still ist und keine anderen Menschen anwesend sind.

- Manchmal sprechen diese Geister auch zu einem Menschen – wobei das die betreffenden Menschen meistens so sehr aus der Ruhe bringt, daß sie nicht wirklich zuhören und ein richtiges Gespräch führen können.

- Eine weitere Gruppe von Phänomenen gehört zu der Telekinese. Dies kann völlig verschieden aussehen und von Schritten auf der Treppe und Klopfgeräuschen über Berührungen bis zu dem Wegziehen der Bettdecke reichen. In dieser Hinsicht sind die Geister ausgesprochen kreativ.

Die Motivation der Geister für dieses Verhalten ist nicht immer ganz klar: Wollen sie sich bemerkbar machen oder wollen sie die Lebenden ärgern oder haben sie noch einen ganz anderen Grund für ihr Verhalten?

- Schließlich gibt es noch die hellsichtige Wahrnehmung der Geister. Da die Lebenskraft im allgemeinen als ein milchigweißer Nebel wahrgenommen wird, erscheinen die Geister einem Hellsichtigen als ein „Bettlaken-Gespenst". Man nimmt die Lebenskraft wahr, die jedoch fließend unscharf ist und nur manchmal im Kopfbereich etwas konkreter und konturierter ist.

Die allermeisten dieser Phänomene stammen von Geistern, die offenkundig nicht „ganz bei Sinnen" sind, sondern in einem Trauma gefangen sind. Geister, die weitgehend bewußt sind und auch eine klare Absicht und einen starken Willen haben, scheinen lediglich in alten Burgen und Schlössern und an ähnlichen Orten aufzutreten. In der Regel scheinen dies recht alte Geister zu sein – es hat also den Anschein, als sich ob Geister, um die sich jahrzehnte- und jahrhundertelang niemand kümmert, wachsen und bewußter werden könnten.

Diese Phänomene sind keineswegs besonders selten – es wird lediglich im Allgemeinen nur sehr selten über diese Dinge geredet – eben nur dann, wenn der Erzähler recht sicher weiß, daß die Zuhörer ihn nicht auslachen werden.

VIII   Jenseitsvorstellungen

Bei der Betrachtung der Jenseitsvorstellungen muß man zwei Dinge gut unterscheiden: Erstens die Frage, ob eine bestimmte Vorstellung in der beschriebenen Form wirklich real vorhanden ist, und zweitens, wie das Motiv, auf dem diese Vorstellung beruht, entstanden ist.

1.   verschiedene Traditionen

Es gibt bei den verschiedenen Völkern und zu den verschiedenen Zeiten unterschiedliche Modelle, die sich jedoch weitgehend auf einige wenige Grundmodelle reduzieren lassen. Das Modell, nach dem nach dem Tod nichts mehr passiert, ist hier nicht aufgeführt, da alle Beobachtungen dagegen sprechen, daß dieses Modell zutreffend ist.

- Das Jenseits als eine „dunkle Welt" ist offenbar ganz schlicht dem Grab als einem „dunklen Ort" nachempfunden worden.

- Eine sehr schlichte Vorstellung sind die „Ewigen Jagdgründe" und ähnliche Konzepte. Hier ist das Jenseits ganz einfach ein „zweites Diesseits". Derartige Konzepte sind vor allem von den Prärie-Indianern und von den Kelten gut bekannt.

- Eine Jenseits-Vorstellung, die insbesondere in den frühen Religionen (Sumerer, Ägypter u.a.) weit verbreitet ist, ist die Wasserunterwelt. Sie ist dadurch entstanden, daß man früher dachte, daß es unter der Erde ein Süßwassermeer gäbe, aus dem die Quellen emporsprudeln und aus dem am Horizont die Wolken aufsteigen. Da die Toten in der Erde begraben wurden, entstand die Vorstellung, daß die Seelen der Toten bis zu diesem Süßwassermeer unter der Erde hinabsteigen würden.
Da die Sonne im Westen untergeht, vermutete man dort den Eingang zu dieser Wasserunterwelt.
Als man dann die Wasserunterwelt dem Diesseits angepaßt hat, entstand die Jenseitsinisel im Westen bzw. das Land im Westen: die Duat der Ägypter, das Atlantis der Griechen, das Avalon der Kelten, das Walaskiald der Germanen usw.

- Eine ähnliche Vorstellung wie die Auffassung des Jenseits als ein „zweites Diesseits" ist das Jenseits als ein idealisiertes Diesseits, in dem „Milch und Honig fließen". Diese Vorstellung ist als erstes von den Ägyptern und teilweise auch noch aus Mesopotamien bekannt. Daraus hat sich dann im Laufe der Zeit das Paradies der Juden, der Christen und der Moslems entwickelt.

Diese Idealisierung ist eng mit dem Motiv des Jenseitsgerichtes verknüpft, da für dieses Jenseitsgericht ein „Gutes Jenseits" als Belohnung und ein „Schlechtes Jenseits" als Bestrafung benötigt wurden.

- Die Vorstellung, daß es im Jenseits zu einer Wiederzeugung, einer Wiedergeburt und einem Wiederstillen kommt, ist ganz offensichtlich eine Parallelbildung zu der Entstehung eines Menschen im Diesseits.

- Dem Konzept der Reinkarnation zufolge wird die Seele nach einem „erfrischenden und klärenden Schlaf im Jenseits" im Diesseits wiedergeboren.

Dieses Konzept hat seine Bilderwelt aus dem Getreide-Gleichnis erhalten: Aussaat = Geburt; Wachstum = Leben; Ernte = Tod; Lagerung = Jenseits; Aussaat = Wiedergeburt. Der dazugehörige Gott ist der Toten- und Korngott.

Dieser offensichtliche Zusammenhang der Reinkarnation mit dem Schicksal des Getreides bedeutet jedoch nur, daß man die Reinkarnation mit dem Getreide-Gleichnis beschrieben hat – man kann aus der Verwendung dieses Gleichnisses jedoch nicht darauf schließen, daß die Reinkarnations-Vorstellungen nur durch dieses Gleichnis entstanden sind. Die Existenz der Reinkarnation muß unabhängig von den für ihre Beschreibung verwendeten Bildern nachgewiesen werden.

- Es gibt auch die Vorstellung der „unvollständigen Reinkarnation", bei der die Seelen vor der Zeugung schon im Jenseits existieren und bei der Zeugung aus dem Jenseits in den Embryo gelangen. Nach dem Tod kehrt die Seele dann in das Jenseits zurück. Dies wird jedoch als ein einmaliger Vorgang und nicht wie bei der Reinkarnation als ein mehr oder weniger endloser Zyklus angesehen.

- Da die Seele als Vogel dargestellt worden ist, fliegt die Seele als Vogel zu dem Embryo in dem Bauch seiner Mutter. Daraus entstand dann das Motiv, daß der Vogel den Eltern das Kind bringt: der Storch als Kinderbote.

In der Regel ist dieser Vogel wie der Storch ein Wasservogel, da man sich die Unterwelt als eine Wasserunterwelt vorgestellt hat.

- Ein Motiv, das in die Jenseitsvorstellungen der heute am weitesten verbreiteten Religionen in hohem Maße geprägt hat, ist das Jenseitsgericht, in dem über die Toten geurteilt wird und vin dem aus sie dann anschließend entweder in die Hölle oder ins Paradies gesandt werden.

Das Jenseitsgericht wurde als Konzept notwendig, als in der Epoche des Königtums die Vorstellung eines gerechten und allmächtigen Gottes entstanden war. Wenn man ganz schlicht von den vielen unbestraften Ungerechtigkeiten im Leben ausging, konnte Gott entweder nicht gerecht oder nicht allmächtig sein – außer wenn die Bestrafung erst im Jenseits erfolgte …

Innerhalb der Reinkarnation-Vorstellungenn tritt das Karma an die Stelle des Jenseitsgerichts. Das Karma ist sozusagen ein Jenseitsgericht ohne Richter, bei dem die Gerechtigkeit aus einer der Welt innewohnenden Logik heraus entsteht – sozusagen eine Art „moralische Kausalität“.

- Schließlich gibt es noch die nicht allzuweit verbreitete Vorstellung der Auflösung der Seele nach dem Tod des betreffenden Menschen in das kollektive Unterbewußtsein bzw. in die Gottheit, aus der heraus diese Seele vor ihrer Geburt entstanden ist.

2.   Analyse der Traditionen

Um herauszufinden, welche von diesen Ansichten die richtige ist oder wie viel man überhaupt gewiß wissen kann, kann man diese Ansichten und die Phänomene, die im Zusammenhang mit den Ahnen auftreten, einmal näher betrachten.

- Zunächst einmal kann man sagen, daß auf verschiedene Arten Gespräche mit den Ahnen möglich sind: Traumreisen, Familienaufstellungen, Spiritismus, Bitten am Grab usw.

Weiterhin kann man sagen, daß solche Gespräche auch eine Wirkung haben. Außerdem ergibt sich noch die Schlußfolgerung, daß die zutreffenden und überprüfbar richtigen Ergebnisse, die sich oftmals aus diesen Ahnenkontakten ergeben, telepathisch beschafft worden sind.

Was man jedoch nicht sagen kann, ist, woher die Telepathie des (lebenden) Fragestellers diese Informationen beschafft hat. Stammt sie von dem Geist des Toten? Stammt sie von einem Lebendem, der über diese Information verfügt? Oder ist sie eine direkte Wahrnehmung eines Sachverhalts wie z.B. eines vergrabenen Schatzes?

Es läßt sich lediglich sagen, daß es möglich ist, telepathisch Informationen zu erlangen, die sich u.a. auf das Leben des Toten beziehen. Diese ziemlich stark reduzierte Interpretation ergibt sich dadurch, daß jeder Nachweis, der dafür erbracht werden kann, daß eine Aussage eines Toten richtig ist, auch eine direkte telepathische Wahrnehmung von eben diesem Nachweises sein könnte. Wenn z.B. niemand von dem vergrabenen Schatz in dem Garten des Toten wußte, könnte es trotzdem sein, daß man den Schatz in dem Garten direkt wahrgenommen hat und man diese direkte Wahrnehmung dann in das Gespräch mit dem Toten eingebaut hat.

Die Möglichkeit, telepathisch von den Toten sinnvolle und nachweislich richtige neue Informationen zu erhalten, führt letztlich nicht weiter als bis zu einer Bestätigung, daß es Telepathie gibt.

Ob es tatsächlich eine Seele des Toten im Jenseits gibt, zu der man telepathisch Kontakt aufnehmen kann, bleibt zunächst einmal ungewiß.

Man kann jedoch sagen, daß Gespräche mit Toten – wie auch immer man sie deuten mag – zu sinnvollen und hilfreichen Ergebnissen führen können. Glücklicherweise ist gerade das Erreichen der erwünschten Ergebnisse bei allem, was man tut, letztlich auch der wichtigste Punkt.

- Dieselbe Situation liegt vor, wenn man die Ahnen um Hilfe bittet und dann das erwünschte Ereignis eintritt. Es läßt sich nicht unterscheiden, ob es sich dabei um Ahnen-Magie oder um die eigene Magie handelt.

Dasselbe gilt auch, wenn durch das Gespräch mit den Ahnen Telekinese ausgelöst wird, wenn also bei dem Gespräch plötzlich ein Bild von der Wand fällt oder ein Stuhl umfällt. Auch hier weiß man nur, daß Telekinese stattgefunden hat – aber man weiß nicht, wer sie ausgeloöst hat: die Ahnen oder man selber.

Schließlich gibt es noch die Materialisierungen, die bisweilen – insbesondere im Spiritismus – vorkommen. Einmal davon abgesehen, daß vollkommen unklar ist, wie so etwas möglich ist, weiß man auch hier nicht, ob dies durch die Ahnen oder durch einen selber verursacht worden ist.

Interessant ist jedoch, daß die Erfahrung sehr weit verbreitet ist, daß die eigene Magie deutlich stärker wird, wenn man dabei die Ahnen um Hilfe bittet. Daher findet man auch in vielen Religionen die Tradtition, beim Vorhersehen der Zukunft und allgemein in der Magie die Ahnen um Hilfe herbeizurufen bzw. sich an die Ahnen im Jenseits zu wenden.

Schon in der Schwitzhütten-Zeremonie, die das älteste bekannte Ritual ist, werden die Ahnen herbeigerufen und erscheinen als die Stäbe, aus denen die Schwitzhütte aufgebaut wird. Daraus wurden dann später die Menhire der Steinkreise, die Säulen der Tempel, die Statuen der Kirchen usw.

Doch trotz dieser weiten Verbreitung der Bitten an die Ahnen in der Magie weiß man nicht, ob die Ahnen wirklich diese effektivere Magie bewirken oder ob die Lebenden selber eine effektivere Magie bewirken können, wenn sie sich auf das Bild der Ahnen, d.h. vor allem auf die verstorbenen Eltern, verlassen, die schließlich das Symbol für Rat und Hilfe sind.

Immerhin ergibt sich aus diesen Betrachtungen, daß die Ahnen der eigenen Magie förderlich sind – egal, ob als real im Jenseits exitierende Ahnen oder nur als inneres Vertrauens-Bild.

3. Ahnen und Magie

Man hat also die seltsame Situation, daß man zwar sagen kann, daß im Kontakt mit den Ahnen Telepathie, Telekinese, sinnvolle Zufälle, Materialisierungen usw. auftreten, aber man kann nicht sagen, wer dafür der Auslöser ist. Man kann lediglich sagen, daß das Gespräch mit den Ahnen solche Phänomene auslösen kann – ohne daß dadurch klar werden würde, ob die Ahnen oder man selber diese Phänomene ausgelöst hat.

Man weiß leider nicht einmal, ob es die Seelen der Ahnen in einem wie auch immer gearteten Jenseits gibt.

Das ist ein sowohl in menschlicher Hinsicht als auch aus der Sicht der Forschung ein recht mißlicher Befund.

- Es gibt noch einen weiteren beachtenswerten Aspekt: Die Ahnen können sowohl Dinge berichten, die in der Vergangenheit liegen, als auch Dinge vorhersagen, die erst in der Zukunft geschehen werden.

Dasselbe gilt natürlich auch für lebende Menschen. Auch sie können sowohl Dinge, die in der Vergangenheit geschehen sind, telepathisch herausfinden, als auch Dinge, die erst noch in der Zukunft geschehen werden, vorhersagen.

Auch bei dieser „zeitliche Telepathie" gibt es also wieder den Umstand, daß sich zwar das Phänomen als solches beweisen läßt, aber daß man nicht sagen kann, ob die Ahnen oder man selber der Wahrnehmende ist.

Diese Phänomene habe ich bereits ausführlich in „Zukunftschau für Anfänger" beschrieben.

4. Der Nachweis der Seele

Die genauere Betrachtung der Phänomene, die bei dem Kontakt mit den Ahnen auftreten, zeigt also, daß man nicht sagen kann, ob sie von den Lebenden oder von den Ahnen ausgelöst werden. Man kann ledigich sagen, daß „Ahnengespräche" ein geeignetes Mittel sind, um derartige Phänomene auszulösen.

Die Minimal-Annahme ist daher, daß diese Phänomene von den Lebenden ausgelöst werden – es sei denn, daß man nachweisen kann, daß es eine Seele gibt. Das ist der springende Punkt bei der gesamten Betrachtung des Kontaktes zu den Ahnen.

Es gibt einige Phänomene, die dafür sprechen, daß es eine Seele gibt. Dies sind:

- Das wichtigste Phänomen ist die Astralreise, die bereits in der Altsteinzeit der Auslöser für die Entwicklung einer Seelenvorstellung gewesen ist. Es gibt also einen Teil des Menschen, der außerhalb des physischen Leibes existieren kann.

Wenn man es ganz genau nimmt, kann man jedoch nur sagen, daß Menschen die Möglichkeit haben, ihr Bewußtseinszentrum und ihre Wahrnehmungsfähigkeit aus dem Leib hinaus zu verlegen.

Wenn man es noch genauer nimmt, kann man eigentlich nur sagen, daß man die Möglichkeit hat, einen anderen Ort so wahrzunehmen, als ob man selber ohne den eigenen Körper dort wäre – was dann dazu führt, daß man auch sein Bewußtsein an diesem Ort hat, da dieses Bewußtsein ja gerade von der Wahrnehumng dieses Ortes erfüllt ist. Man kann die Astralreise also auch als eine komplexerere Form der Telepathie auffassen, bei der das Bewußtsein ganz von der telepathischen Wahrnehmung erfüllt ist – das Bewußtsein identifiziert sich in aller Regel mit der optischen Wahrnehmung und sitzt deshalb sozusagen hinter den Augen, also an dem Ort, von dem aus man eine Szene sieht. Bei einer umfassenden telepathischen Wahrnehmung wie bei einer Astralreise erlebt sich das Bewußtsein als etwas, was sich an dem wahrgenommenen Ort befindet.

Doch was bedeutet es, daß man man seine Wahrnehmungsfähigkeit derart gründlich auf einen anderen Ort ausdehnen bzw. zu ihm hin verlagern kann? Das geht über das, was man normalerweise unter „Telepathie" versteht, deutlich hinaus.

Zudem erlebt man sich selber bei der Astralreise oft als einen „Doppelgänger" des eigenen physischen Leibes, der zwar dieselbe Form hat wie der physische Körper, aber der nicht aus Fleisch und Blut, sondern aus einem milchigweißen Leuchten besteht, das im allgemeinen „Lebenskraft" genannt wird.

Streng genommen kann man auch hier wieder nur die Existenz einer solchen Wahrnehmung feststellen – ob dieser Lebenskraftkörper (Astralkörper) als eigenständiges Objekt existiert oder ob er an den physischen Leib gebunden ist, läßt sich zunächst einmal nicht sagen.

Immerhin spricht die Wahrnehmung der Geister von Toten, die ebenfalls als solche milchigweißen „Leuchtwesen", d.h. als „Bettlaken-Gespenster" erscheinen können, dafür, daß diese Lebenskraftkörper auch ohne einen lebenden phyischen Körper existieren können – was zumindestens eine gute Annäherung an einen Nachweis der realen Existenz der Ahnen ist.

- Das zweite Phänomen, das für die Existenz einer Seele in jedem Menschen spricht, ist, daß man ihr begegnen kann und sie dann als die eigene Mitte, die eigene Quelle und den eigenen Lebenssinn erlebt.

Das ist natürlich ein sehr subjektives Argument, aber wenn man die eigene Seele gefunden hat, gibt es kaum noch etwas Intensiveres als die Begegnung mit ihr.

- Das dritte Phänomen ist zu komplex und zunächst einmal auch zu abstrakt, um hier vollständig beschrieben zu werden zu können. Diese dabei verwendete Argumentation benutzt den kabbalistischen Lebensbaum und das systematische Denken in Analogien als Grundlage.

Der kabbalistische Lebensbaum ist eine Struktur, die in allen Dingen vorhanden ist. Diese Struktur besteht aus ca. 50 Elementen.

Wenn man bei einem Thema auch nur zwei dieser ca. 50 Struktur-Elemente nachweisen kann, ergibt sich daraus die Existenz auch aller übrigen Struktur-Elemente. Diese Schlußfolgerung ist natürlich nur dann überzeugend, wenn man den Lebensbaum und seine Struktur bereits kennt und ihn schon an sehr vielen Beispielen angewendet hat.

Der physische Leib und der Lebenskraftkörper (inklusive seiner Telepathie und Telekinese) sind zwei solche Elemente – sie entsprechen den „Malkuth" und „Yesod" genannten Bereichen auf dem kabbalistischen Lebensbaum.

Jedes Thema enthält auch einen Bereich, der als Kern, Zentrum, Herz, Koordinationspunkt, Lenkungsinstanz, gestaltende Mitte usw. erscheint. Dieser Bereich, der in der Kabbala „Tiphareth" genannt wird, muß in Bezug auf den physischen Leib und auf den Lebenskraftkörper die „Quelle" und der „Kern" und der „Ursprung" des physischen Körpers und des Lebenskraftkörpers sein. Dieses Zentrum ist offensichtlich das, was man subjektiv als die eigene Seele erleben kann: die schöpferische, strahlende Mitte des eigenen Wesens.

(Dieser Nachweis findet sich in detaillierter Form in meinem Buch „Logik und Wirkung der Analogien" beschrieben, in dem auch der kabbalistische

Lebensbaum selber ausführlich beschrieben wird.)

Damit ist jetzt zwar noch nicht die Weiterexistenz dieser Mitte nach dem Tod nachgewiesen, aber die Kombination dieser Analogie-Argumentaion mit dem subjektiven Seelenerlebnisses, der Astralreise, der als milchigweiß leuchtende Schemen wahrnehmbaren Totengeister und der „zeitlichen Telepathie" kommen einem solchen Nachweis doch schon so nah, daß es wahrscheinlich ist, daß es die Ahnen real gibt und daß sie mehr als nur Konzepte in der Psyche der Lebenden sind.

5. Seelen-Modelle

Es finden sich somit vier Nachweise der Existenz einer Seele: 1. die Astralreise, 2. die hauptsächlich optische Wahrnehmung von Geistern, 3. das persönliche Erlebnis und 4. der Analogieschluß mit Hilfe des kabbalistischen Lebensbaumes. Als 5. kommt noch ergänzend die Möglichkeit der „zeitlichen Telepathie" hinzu, die Verbindungen von „heute" zu „früher" herstellen kann.

Es ist jedoch notwendig, genau zu schauen, was man damit nachgewiesen hat.

Zunächst einmal kann man sagen, daß man in sich selber eine Mitte, eine Quelle und eine sinngebende Instanz finden kann, die man im allgemeinen „Seele" nennt.

Man kann jedoch zunächst einmal nicht sagen, was mit dieser Seele vor der Zeugung und nach dem Tod geschieht – was jedoch notwendig ist, um die Realität der Ahnen einschätzen zu können.

Hier gibt es jedoch noch zwei weitere Phänomene, die weiterhelfen können:

- Wenn man durch Träume, Meditationen, Traumreisen, Anrufungen u.ä. den Kontakt zu der eigenen Seele erlangt hat, erleben manche Menschen nach einer Weile ein Treffen der eigenen Seele mit einer Gruppe von Wesen, die der eigenen Seele sehr ähnlich sind und die wie ein Kreis von Verwandten der eigenen Seele wirken.

Diese „Verwandten" kann man auf zwei Arten deuten: zum einen als die früheren Inkarnationen der eigenen Seele und zum anderen als andere Seelen, die sozusagen aus derselben „Substanz" wie die eigene Seele bestehen und dieselben Grundqualitäten haben und daher als „Verwandte der eigenen Seele" empfunden werden.

- Mithilfe des kabbalistischen Lebensbaumes läßt sich zeigen, daß die Seelen sozusagen „Tropfen" von dem „Meer" einer Gottheit sind. Die Seelen sind daher auch nicht eine Art von „unsterblicher Essenz" eines Menschen, sondern etwas, das aus etwas anderem heraus existiert. Die „Tropfen", die aus demselben „Meer" heraus entstanden sind, bilden dann logischerweise eine Gemeinschaft und sind „Verwandte".

Durch diese Erlebnisse läßt sich das Modell der Ahnen noch einen Schritt weiterentwickeln: Die Seelen existieren nach dem Tod weiter und bilden zusammen mit anderen Seelen mit gleicher Qualität eine Gemeinschaft: die Ahnengemeinschaft.
Es bleibt allerdings vorerst unklar, wie die „Verwandtschaft" zwischen diesen „Seelen mit gleicher Qualität" aussieht.
Es gibt dabei zwei grundlegende Modelle:

- Bei der einen Version lösen sich aus dem „Meer" einer Gottheit sozusagen „Tropfen" und inkarnieren sich als Seele und kehren anschließend nach dem Tod wieder in diese Gottheit zurück. Diese „zurückgekehrten Seelen" sind allerdings weiterhin als Einzelwesen erkennbar.

- Bei der anderen Version inkarniert sich eine Seele mehrmals, bevor sie in die Gottheit zurückkehrt. Das ist das gängige Reinkarnations-Modell.

6. Reinkarnation

Es gibt somit zum einen diese Seelen-Gemeinschaften, aber zum anderen zwei mögliche Modelle: zum einen die „lineare Verknüpfung" der Seelen in solch einer Gemeinschaft, d.h. die Reinkarnation, und zum anderen die „flächige Verknüpfung" der Seelen in solch einer Gemeinschaft, d.h. die Rückkehr der Seelen nach dem Tod in die betreffende Gottheit, aus der sich dann neue „Tropfen" bilden.
Eine Seele, die sich inkarniert, knüpft also entweder direkt an eine bestimmte frühere Inkarnation an oder es gib ein komplexes Netzwerk, an dem mehrere Seelen beteiligt sind.
Welches dieser beiden Modelle das zutreffende ist, läßt sich nur schwer entscheiden. Da bei der Begegnung mit einer solchen Ahnengemeinschaft in der Meditation, auf einer Traumreise u.ä. in den mir bekannten Fällen nur ein bis zwei Dutzend Seelen wahrgenommen werden, spricht dies eher für das Reinkarnationsmodell, bei dem die wahrgenommene Gemeinschaft von ein bis zwei Dutzend Seelen die eigenen früheren Inkarnation sind.
Da wir derzeit 8 Milliarden Menschen sind und zu jeder Gottheit nur 20 Seelen

gehören würden, würde das 400 Millionen Gottheiten ergeben – was eindeutig viel zu hoch ist. Es ist zwar schwer abzuschätzen, wieviele Gottheiten es gibt, aber es sollten eher einige Tausend und nicht einige Hundertmillionen sein. Bei dieser Überlegung sind die vielen Menschen, die früher gelebt haben, noch gar nicht mitbedacht worden.

Es wäre natürlich auch denkbar, daß man nicht alle Seelen sieht, die mit einem selber verwandt sind, d.h. die zu derselben Gottheit gehören, sondern eben nur ein bis zwei Dutzend von ihnen – aber ein Grund für eine solche Einschränkung ist zunächst einmal nicht ersichtlich. Ein Bild, in dem vorne ein Dutzend der Seelen stehen, die dieselbe Qualität wie die eigene Seele haben, und dahinter allmählich undeutlicher werdend die riesige Menge der übrigen Seelen mit derselben Qualität, wäre viel naheliegender und passender.

Die Erlebnisse von Menschen, die sich an frühere Leben erinnern können, sprechen folglich für das Modell der Einzel-Reinkarnation – aber das ist eher eine sehr große Wahrschenlichkeit als eine vollkommene Sicherheit.

7. Das kollektive Unterbewußtsein

Wenn man nun diese Seelengruppen mit der zeitlichen Telepathie kombiniert, erhält man das Bild eines organisch gegliederten Bewußtseins-Kontinuums, das sich sowohl räumlich als auch zeitlich beliebig weit ausdehnen kann. Die Telepathie ist nur die äußerste Schicht dieses Bewußtseins-Kontinuums.

Oder anders formuliert: Die Telepathie ist eine einzelne Bewußtseins-Verbindung in einem allgemeinen Bewußtsein, das sich als Untergrund oder Hintergrund des normalen Bewußtseins weit über einzelne Menschen hinaus erstreckt.

Genau solch ein Modell ist das Konzept des kollektiven Unterbewußtseins von C.G. Jung: Es enthält die Telepathie und die Telekinese; die Gottheiten erscheinen als die Urbilder („Archetypen“); und es gibt auch die zeitliche Telepathie in beide Richtungen (Vergangenheit und Zukunft erkennen können). Zudem ist das kollektive Unterbewußtsein nicht nur eine Ansammlung von einzelnen telepathischen Verbindungen, sondern eben ein „großräumiges“ Bewußtsein, das die ganzen Menschen und auch noch ihre Umwelt umfaßt.

Eine einzelne telepathische Wahrnehmung ist sozusagen eine einzelne Erkenntnis in diesem kollektiven Unterbewußtsein und ein einzelnes telekinetisches Phänomen ist gewissermaßen eine einzelnen Handlung dieses kollektiven Unterbewußtseins.

Über die Seele und ihr Schicksal nach dem Tod sagt dieses Modell jedoch nichts aus.

8. Die zeitliche Telepathie

Wenn es die Reinkarnation geben sollte, muß es auch ein Element geben, das das Bewußtsein eines Menschen, der früher einmal gelebt hat, mit dem Bewußtsein eines heutigen Menschen verbinden kann. Ohne diese Verbindung kann man nicht von Reinkarnation sprechen, da es dann keinen roten Faden gibt, der durch mehrere Leben verläuft.

Zusätzlich zu dieser „zeitlichen Telepathie" müßte es jedoch noch ein weiteres Element geben, das dafür sorgt, daß auch Elemente aus dem früheren Leben in das heutige Leben übertragen werden – sonst gäbe es zwar eine Erinnerung, aber keinen Zusammenhang zwischen den beiden Leben, keine Wirkung des früheren Lebens auf das heutige Leben und schon gar keine Identität des früheren mit dem heutigen Menschen. Als übertragene Objekte kommen am ehesten Fähigkeiten, Beziehungen, Freundschaften und Traumata in Frage – das sind die Elemente, die sich auch in den Reinkarnations-Erinnerungen von konkreten Menschen finden.

Man kann auch die Ahnen-Gespräche auf eine „zeitliche Telepathie" reduzieren: Der heutige Mensch kann mithilfe dieser Form der Telepathie Kontakt zu seinen Ahnen in der Vergangenheit aufnehmen. Diese Deutungs-Möglichkeit zeigt, daß die heutigen Vorstellungen über das Wesen der Zeit möglicherweise noch recht unvollständig sind. Es hat den Anschein, als ob die Zeit nicht nur der Gegenwarts-Punkt sei, sondern daß die gesamte Zeit einschließlich Vergangenheit und Zukunft jederzeit real existent ist und vom Bewußtsein aus kontaktiert werden kann.

Vor dem Hintergrund einer solchen Zeit-Vorstellung sehen Reinkarnation und Ahnen-Gespräche natürlich gleich sehr viel plausibler und „normaler" aus.

Es gibt noch einen Zusammenhang, in der die „zeitliche Telepathie" sichtbar wird: Viele homöopathische Heilmittel haben eine Wirkung, die nicht ihren Inhaltsstoffen, sondern der Geschichte der Substanz, aus der sie hergestellt werden, entspricht. Das bedeutet, daß z.B. Pflanzen ein Gedächtnis haben müssen, das etliche Millionen Jahre zurückreicht – was man auch „zeitliche Telepathie" nennen könnte.

Ein Beispiel: Der Bärlapp (Lycopodium), der heute nur als ein kleines Kraut existiert, hat vor 350-400 Millionen Jahren als Baum den größten Teil der Erde bedeckt. Aus diesen Bärlapp-Gewächsen sind fast die gesamten Vorräte an Steinkohle, Braunkohle, Erdöl und Erdgas entstanden. Der Bärlapp lebt also auf den Massengräber seiner ruhmreichen Vorfahren. Daher hilft dieses homöopthische Mittel Menschen, die sich zwar noch aufrecht halten, aber die auf eine stille Weise depressiv sind, weil sie glauben, daß ihre große Zeit schon vorüber ist und daß sie nur noch den Filmabspann ihres Lebens vor sich haben.

9. Die personifizierte Familientradition

Die Familientradition hat ihre Wurzeln in dem Charakter, dem Leben und dem Schicksal der Ahnen. Diese Familientradition besteht schon lange – sie hat ja keinen konkreten Anfang und kein konkretes Ende – und hat sich allmählich weiterentwickelt.

Ein Ende der Familientradition gibt es nur, wenn alle Menschen einer Familie ohne Nachkommen sterben. Einen Anfang gibt es nicht, da jeder Mensch Eltern hat und somit auch ein Erbe von deren gemeinsamer Familientradition ist.

Es gibt jedoch Ereignisse, die eine Familientradition grundlegend ändern können wie z.B. Hungersnöte, Auswanderungen und Kriege, aber auch psychische Heilungen, erfolgreiche Meditationen und ähnliches.

Die Familientradition ist also zwar einerseits zäh, aber anderseits auch plastisch: Sie ist beharrlich, aber formbar. Daher kann sie sich im Laufe der Zeit in die verschiedensten Familientraditionen ausdifferenzieren. Man kann diese „Zähigkeit" – wenn man möchte – auch als „morphogenetisches Feld" umschreiben, das die Wiederholung der Vergangenheit bewirkt.

Da die Familientradition mit den Seelen, mit den Ahnen, mit der Telepathie und der Telkinese und letztlich auch mit dem Bewußtsein verbunden ist und deren „Gesamtcharakter" ist, stellt sich die Frage, wie eigenständig diese Familientradition eigentlich ist. Ist es zutreffend, wenn man sie sich nur als Qualitäten vorstellt, die von Eltern zu Kindern weitergegeben werden? Oder ist es zutreffender, wenn man sie sich als ein Wesen, also personifiziert vorstellt?

Da die Ahnen mit ihren Nachkommen telepathisch verbunden sind und auch die Ahnen untereinander telepathisch verbunden sind, ist die Familientradition zumindestens schon einmal eine sinnvolle Bewußtseinseinheit.

In Familienaufstellungen zeigt sich, daß man auch mit den Planeten in dem Horoskop eines Menschen sprechen kann, mit der Angst eines Menschen, mit einem bestimmten Baum, mit der Erde unter Recklinghausen und noch vielem anderen mehr, was in dem Schicksal eines Menschen eine größere Rolle gespielt hat. Angesichts dieser Erfahrungen ist es auf jeden Fall sinnvoll, auch die Familientradition als eine sinnvolle Bewußtseinseinheit anzusehen, mit der man daher auch direkt sprechen kann – schließlich ist die Familientradition noch sehr viel näher an einer Gruppe von Menschen als z.B. die Erde unter Recklinghausen.

Den Wert und die Wirkung eines solchen Gesprächs mit der eigenen Familientradition kann man natürlich nur dann feststellen, wenn man selber schon solche Gespräche geführt hat.

Der Unterschied zwischen solchen Gesprächen mit der Familientradition und Gesprächen mit dem Kreis der Ahnen ist denkbar gering – die Familientradition ist die Gesamtheit der Ahnen und ihrer Wirkung auf ihre Nachkommen.

10. Die Mittlere Säule

Das Ergebns dieser Betrachtungen ist die Existenz eines organisch gegliederten Bewußtseins in allen Dingen, in dem ein Ahn ein einzelnes Element ist, das schon dadurch entsteht, daß das Leben dieses Menschen durch die „zeitliche Telepathie" weiterhin zugänglich bleibt.

Dieses Gesamtbewußtsein der Welt ist – wie gesagt – organisch gegliedert: Die alles umfassende Einheit ist „Gott"; die nächste Ebene besteht aus den Gottheiten – das ist das Bewußtsein in bestimmten Aspekten der Welt; darauf folgen als nächstkleinere Einheiten die Seelen; darauf folgt dann der Bereich der Psyche mit den einzelnen telepathischen und telekinetischen Aktionen; und endet schließlich bei der Materie.

Die Gottheiten in diesem System sind z.B der Urmensch, die Große Mutter, die Löwen-Gottheit, die Eichen-Gottheit, der Meeresgott, eine Berggottheit usw. Alle diese Gottheiten zusammen bilden dann das, was man heute manchmal „Gaia" nennt.

Diese Strukturierung findet sich in der Magie an einer zentralen Stelle wieder: in der Übung der Mittleren Säule, die das wichtigste Element des kabbalistischen Lebensbaumes ist:

- Kether: Gott
- Da'ath: Gottheiten
- Tiphareth: Seele
- Yeosd: Psyche mit Telepathie, Telekinese usw.
- Malkuth: Körper

Der Nachweis der Richtigkeit dieses Bewußtseins-Modells würde den Rahmen dieses Buches sprengen. Daher sollte man dieses Modell zunächst einmal nur als Arbeitshypothese benutzen.

Die bisherigen Betrachtungen zeigen, daß die Frage nach dem Wesen der Ahnen in hohem Maße auch eine Frage nach dem Wesen des Bewußtseins ist:

- Wenn Bewußtsein nur ein Sekundärphänomen der Materie ist, endet die Existenz des Menschen mit dem Tod. Dieses Modell kann nicht zutreffen, da sich Telepathie, Telekinese, Materialisierungen, Astrologie usw. nicht rein physikalisch erklären lassen.
Die Welt muß also komplexer sein als „nur Materie und Energie".

- Wenn die Materie nur ein Sekundärphänomen des Bewußtseins ist, ist alles letztlich nur Bewußtsein. Dieser Standpunkt läßt sich nur halten, wenn man das eigene Erleben der Welt als den einzig relevanten Vorgang ansieht – dann spielt sich alles nur in dem eigenen Bewußtsein ab. Dieses Modell der

Welt als einer Illusion kann man zwar vertreten, aber da man – wie Aleister Crowley so treffend gesagt hat – diese Illusion nur schwer los wird, ist es sinnvoll, auch die Materie ernst zu nehmen.

Innerhalb dieses Modells läßt sich ein Gesamtbewußtsein, das organisch gegliedert ist, kaum noch vermeiden – was den Ergebnissen der bisherigen Betrachtungen entspricht.

- Wenn die Materie und das Bewußtsein zwei Seiten derselben Realität sind, ergibt sich wieder das Modell eines organisch gegliederten Gesamtbewußtseins. Außerdem hat dieses Modell den Vorteil, daß es geradezu die Möglichkeit einer Wirkung, die vom Bewußtsein ausgeht, erfordert und folglich der Telepathie, der Telekinese und ähnlichen Phänomenen einen sinnvollen Platz zu weisen kann. In diesem Modell lassen sich auch die Seelen und die Ahnen widerspruchsfrei einordnen.

Dieses Modell habe ich in meinem bereits genannten Buch „Logik und Wirkung der Analogie" ausführlich dargestellt.

11. Ergebnisse

Aufgrund dieser Betrachtungen existiert ein Ahn ganz real als ein Element in einem Bewußtseinskontinuum, das meistens „kollektives Unterbewußtsein" genannt wird.

Da sich die Ahnen näher an dem Bereich der Seelen und Gottheiten befinden als der (inkarnierte) Mensch, der fest in der Materie verankert ist, ist die Möglichkeit der Ahnen, Telepathie, Telekinese und andere Formen der Magie zu bewirken, größer als die Möglichkeit der Menschen. Daher wird in vielen früheren Kulturen die Magie als die Handlungsmöglichkeit der Ahnen angesehen.

Dieser Zusammenhang liegt darin begründet, daß Magie eine „Wirkung des Bewußtseins" ist und daher die Wesen, die wie die Ahnen „nur Bewußtsein" sind, es einfacher haben sollten, eine magische Wirkung herbeizuführen.

Ein Magier ist jemand, der es trotz seiner Körpergebundenheit gelernt hat, mit seiner Seele, seinen Ahnen und den Gottheiten in Kontakt zu gelangen und dadurch dann Magie ausüben zu können.

Aus den bisherigen Betrachtungen ergibt sich auch, das eine Steigerung des Gesprächs mit den Ahnen möglich ist: das Gespräch mit der Gottheit, von deren „Meer" die eigene Seele ein „Tropfen" ist. Das Ahnen-Gespräch ist sehr nützlich, aber nicht die wirksamste aller bekannten Formen der Magie – das ist das „Gespräch mit der Gottheit" und vor allem mit der eigenen Schutzgottheit, die der Ursprung der eigenen Seele ist.

IX Der Nutzen der Ahnen-Kontakte

Aus diesen Betrachtungen des Kontaktes mit den Ahnen ergeben sich verschiedene Möglichkeiten, wie man diese Kontaktmöglichkeit nutzen kann.

- Man kann ungeklärte und noch immer nachwirkende Konflikte u.ä. entweder unter den Ahnen oder zwischen den bereits Verstorbenen und ihren noch lebenden Nachkommen auflösen. Dies geschieht vor allem durch Familienaufstellungen, aber es kann auch auf Traumreisen oder durch spiritistische Sitzungen erreicht werden.
Auf diese Weise kann Heilung und ein größeres Maß an Freiheit erlangt werden.

- Man kann von den Ahnen Rat und Hilfe erhalten, die u.a. auch magische Wirkungen und telepathische Informationsbeschaffung umfassen kann.

Eine wichtige Erkenntnis ist auch die genauere Beschreibung dessen, was ein „Ahn" eigentlich ist, da dies auch für die eigenen Vorstellungen des „Lebens nach dem Tod" von großer Bedeutung ist.

- Das eigene Leben bleibt als Erinnerung im kollektiven Unterbewußtsein erhalten und bildet dort ein „Element". Diese Erinnerung kann per „zeitlicher Telepathie" wieder bewußt werden.

- Es scheint besonders enge Verbindungen zwischen Seelen zu geben, die zu derselben Gottheit gehören. Die engste Form dieser Verbindungen ist die Reinkarnation.

Es gibt weiterhin noch eine Beobachtung über die generelle Wirkung zwischen Vorfahren und Nachkommen.

- Wenn jemand ein Problem in seinem Leben erfolgreich ändert, löst sich dieses Problem auch bei den Kindern des Betreffenden auf – auch wenn die Kinder nichts davon wissen. Darauf beruht der Familienaufstellungs-Ansatz, bei einem Problem in der Ahnenfolge so weit zurückzugehen, bis man zu einem Ahn kommt, der dieses Problem nicht hatte, und dann sozusagen einen Segen von ihm durch die Ahnenfolge bis zu dem Lebenden, der jetzt das betreffende Problem hat, durchzureichen.
Die Wirkung einer Problemlösung verläuft stets von den Eltern zu den

Kindern, aber nicht umgekehrt. Wenn jemand etwas heilt, bewirkt dies die Heilung dieses Problems bei den eigenen Kindern, aber nicht bei den eigenen Eltern. Hier ist die gewohnte zeitliche Kausalität zu finden.

- Aus dem vorigen Punkt ergibt sich, daß die Lebenden die Ahnen brauchen, aber nicht umgekehrt. Die Ahnen können durch ihre Handlungen ihren Nachkommen helfen – und sich dann darüber freuen, daß ihre Nachkommen in ihrer Entwicklung ein Stück weiter gekommen sind als sie selber.

Diese Freude der Ahnen ist jetzt keineswegs eine theoretische Überlegung, sondern etwas, was man immer wieder einmal bei Familienaufstellungen, auf Traumreisen und in ähnlichen Situationen erleben kann. Dies ist dieselbe Freude, die auch Lebende haben, wenn sie sehen, daß ihre Kinder ein Problem gelöst bekommen, daß sie selber nicht haben lösen können: Die Entwicklung geht weiter …

Der Kontakt zu den eigenen Ahnen kann somit eine große Hilfe sein und das eigene Leben leichter machen.

Zudem ist es deutlich einfacher, die eigene Familientradition zu etwas Lebenswerterem hin weiterzuentwickeln, wenn man dabei mit den Ahnen zusammenarbeitet.

Bücher von Harry Eilenstein

- The Synthesis of Physics and Magic (192 p.)
- Telepathy for Beginners (60 p.)
- Telepathy for Advanced Learners (52 p.)
- Telekinesis for Beginners (56 p.)
- Life Force for Beginners (76 p.)
- Kundalini for Beginners (104 p.)
- Astral Projection for Beginners (60 p.)
- Meditation for Beginners (60 p.)
- Prophecy for Beginners (60 p.)
- Ritual Magic for Beginners (64 p.)
- Magic Chant for Beginners (108 p.)
- Invocations for Beginners (52 p.)
- Evocations for Beginners (62 p.)
- Auto-Movement for Beginners (60 p.)
- Elves for Beginners (56 p.)
- Hypnosis for Beginners (56 p.)
- Love Magic for Beginners (52 p.)

- Money Magic for Beginners (60 p.)
- Magic Objects for Beginners (64 p.)
- Shamanism for Beginners (52 p.)
- Chakra-Magic for Beginners (148 p.)
- Language of the Moon – for Beginners (128 p.)
- Self Knowledge for Beginners (60 p.)
- Da'ath-Magic for Beginners (64 p.)
- Astrology for Beginners (112 p.)
- Number Symbolism for Beginners (64 p.)
- Mandalas for Beginners (76 p.)
- Crop Circles for Beginners (344 p.)
- Feng Shui for Beginners (96 p.)
- Magic Research for Beginners (140 p.)

- Magic for Beginners – Anthology I (636 p.)
- Magic for Beginners – Anthology II (616 p.)
- Magic for Beginners – Anthology III (684 p.)
- Magic for Beginners – Anthology IV (580 p.)

Religion allgemein
- Die sieben Schritte des Lebens (428 S.)
- Muttergöttin und Schamanen (168 S.)
- Totempfähle (440 S.)
- Der Urriese (168 S.)

Jungsteinzeit
- Göbekli Tepe (472 S.)
- Die Göttin von Göbekli Tepe (144 S.)
- Die Rituale von Göbekli Tepe (112 S.)

Ägypten
- Hathor und Re 1: Götter und Mythen im Alten Ägypten (432 S.)
- Hathor und Re 2: Die altägyptische Religion – Ursprünge, Kult und Magie (396 S.)
- Isis (508 S.)
- Ma'at (200 S.)

Christentum
- Christus (60 S.)
- Die Biographie des Teufels (144 S.)

Indogermanen
- Die Entwicklung der indogermanischen Religionen (700 S.)
- Wurzeln und Zweige der indogermanischen Religion (224 S.)

Griechen
- Pan (336 S.)
- Poseidon (668 S.)

Inder
- Dakini (80 S.)
- Vajra (76 S.)

Germanen
- Die Götter der Germanen (87 Bände – siehe nächste Seite)
- Odin (300 S.)

Kelten
- Cernunnos (690 S.)
- Taliesin (228 S.)
- Der Kessel von Gundestrup (220 S.)
- Der Chiemsee-Kessel (76)

Psychologie
- Über die Freude (100 S.)
- Das Geheimnis des inneren Friedens (252 S.)
- Das Beziehungsmandala (52 S.)
- Gefühle und ihre Verwandlungen (404 S.)
- einsgerichtet (140 S.)
- Liebe und Eigenständigkeit (216 S.)
- Von innerer Fülle zu äußerem Gedeihen (52 S.)

Heilung
- Die Symbolik der Krankheiten (76 S.)

Kunst
- Herz des Tanzes – Tanz des Herzens (160 S.)
- Die Wurzeln der Kunst (60 S.)
- Wege zur Musik-Improvisation (32 S.)

Drama
- König Athelstan (104 S.)

„Magie für Anfänger"

- Telepathie für Anfänger (60 S.)
- Telepathie für Fortgeschrittene (52 S.)
- Telekinese für Anfänger (52 S.)
- Analogien für Anfänger (56 S.)
- Omen und Orakel für Anfänger (52 S.)
- Lebenskraft für Anfänger (60 S.)
- Meditation für Anfänger (56 S.)
- Kundalini für Anfänger (100 S.)
- Hypnose für Anfänger (56 S.)
- Kampfmagie für Anfänger (172 S.)
- Auto-Movement für Anfänger (56 S.)
- Chakra-Magie für Anfänger (148 S.)
- Astralreisen für Anfänger (56 S.)
- Astrologie für Anfänger (120 S.)
- Astrologische Quadrate für Fortgeschrittene (72 S.)
- Silberschnüre für Anfänger (52 S.)
- Zaubersprüche für Anfänger (60 S.)
- Ritual-Magie für Anfänger (56 S.)
- Mandalas für Anfänger (68 S.)
- Geldzauber für Anfänger (56 S.)
- Liebeszauber für Anfänger (52 S.)
- Invokationen für Anfänger (52 S.)
- Evokationen für Anfänger (60 S.)
- Geister für Anfänger (52 S.)
- Elfen für Anfänger (56 S.)
- Magie-Forschung für Anfänger (140 S.)
- Magie-Romantik für Anfänger (60 S.)
- Selbsterkenntnis für Anfänger (52 S.)
- Einweihungen für Anfänger (60 S.)
- Drogen-Kabbala für Anfänger (216 S.)
- Zahlensymbolik für Anfänger (60 S.)
- Die Sprache des Mondes – für Anfänger (116 S.)
- Zaubergesänge für Anfänger (100 S.)
- Zukunftschau für Anfänger (60 S.)
- Schamanismus für Anfänger (52 S.)
- Schwitzhütten für Anfänger (52 S.)
- Magische Gegenstände für Anfänger (68 S.)
- Übertragungen für Anfänger (68 S.)
- Zaubertränke für Anfänger (64 S.)
- Magie-Gesten für Anfänger (252 S.)
- Da'ath-Magie für Anfänger (64 S.)
- Magie-Heilungen für Anfänger (68 S.)
- Kornkreise für Anfänger (348 S.)
- Feng Shui für Anfänger (96 S.)
- Tao für Anfänger (112 S.)
- Magie für Anfänger – Sammelband   I (696 S.)
- Magie für Anfänger – Sammelband   II (664 S.)
- Magie für Anfänger – Sammelband III (580 S.)
- Magie für Anfänger – Sammelband IV (700 S.)
- Magie für Anfänger – Sammelband   V (676 S.)
- Magie für Anfänger – Sammelband VI (640 S.)

„Traumreisen"

- Traumreisen zu Heilpflanzen (700 S.)

Magie

- Handbuch für Zauberlehrlinge (408 S.)
- Wie man das Pentagramm-Ritual zum Leben erweckt (308 S.)
- Tarot (104 S.)
- Physik und Magie (184 S.)
- Die Synthese von Physik und Magie (200S.)
- Die Magie-Formel (156 S.)
- Schwarze Löcher in der Magie (56 S.)
- Krafttiere – Tiergöttinnen – Tiertänze (112 S.)
- Schwitzhütten (524 S.)
- Mythen und Magie der Harfe (116 S.)
- Drei Adeptus Major Rituale (192 S.)
- Drei Adeptus Exemptus Rituale (120 S.)
- Zwei Infans Abyssi Rituale (128 S.)
- Die Magie der Propheten Elias und Elisa (96 S.)

Meditation

- Der Lebenskraftkörper (230 S.)
- Die Chakren (100 S.)
- Das Chakren-System mit den Nebenchakren (296 S.)
- Organe und Chakren (64 S.)
- Die platonischen Körper in den Chakren (156 S.)
- Meditation (140 S.)
- Drachenfeuer (124 S.)
- Kundalini I (676 S.)
- Kundalini II (672 S.)
- Reinkarnation (156 S.)
- einsgerichtet (140 S.)

Astrologie

- Astrologie (496 S.)
- Photo-Astrologie (428 S.)
- Die astrologischen Aspekte (88 S.)
- Horoskop und Seele (120 S.)

Kabbala

- Kursus der praktischen Kabbala (150 S.)
- Eltern der Erde (450 S.)
- Blüten des Lebensbaumes:
    - Die Struktur des kabbalistischen Lebensbaumes (370 S.)
    - Der kabbalistische Lebensbaum als Forschungshilfsmittel (580 S.)
    - Der kabbalistische Lebensbaum als spirituelle Landkarte (520 S.)
- Logik und Wirkung der Analogie (700 S.)

Eilenstein, Frater V.D., Knecht, Büdenbender

- Magie heute – Berichte aus der Praxis (288 S.)
- Living Magic (261 p.)

Büdenbender, Eilenstein

- Chaos, Alk und Magic (436 S.)

Die Themen der 87 Bände der Reihe „Die Götter der Germanen"

1. Die Entwicklung der germanischen Religion
2. Lexikon der germanischen Religion
3. Der ursprüngliche Göttervater Tyr
4. Tyr in der Unterwelt: der Schmied Wieland
5. Tyr in der Unterwelt: der Riesenkönig   Teil 1
6. Tyr in der Unterwelt: der Riesenkönig   Teil 2
7. Tyr in der Unterwelt: der Zwergenkönig
8. Der Himmelswächter Heimdall
9. Der Sommergott Baldur
10. Der Meeresgott: Ägir, Hler und Njörd
11. Der Eibengott Ullr
12. Die Zwillingsgötter Alcis
13. Der neue Göttervater Odin   Teil 1
14. Der neue Göttervater Odin   Teil 2
15. Der Fruchtbarkeitsgott Freyr
16. Der Chaos-Gott Loki
17. Der Donnergott Thor
18. Der Priestergott Hönir
19. Die Göttersöhne
20. Die unbekannteren Götter
21. Die Göttermutter Frigg
22. Die Liebesgöttin: Freya und Menglöd
23. Die Erdgöttinnen
24. Die Korngöttin Sif
25. Die Apfel-Göttin Idun
26. Die Hügelgrab-Jenseitsgöttin Hel
27. Die Meeres-Jenseitsgöttin Ran
28. Die unbekannteren Jenseitsgöttinnen
29. Die unbekannteren Göttinnen
30. Die Nornen
31. Die Walküren
32. Die Zwerge
33. Der Urriese Ymir
34. Die Riesen
35. Die Riesinnen
36. Mythologische Wesen
37. Mythologische Priester und Priesterinnen
38. Sigurd/Siegfried
39. Helden und Göttersöhne
40. Die Symbolik der Vögel und Insekten
41. Die Symbolik der Schlangen, Drachen und Ungeheuer
42.a Die Symbolik der Herdentiere I
42.b Die Symbolik der Herdentiere II
43. Die Symbolik der Raubtiere
44. Die Symbolik der Wassertiere und sonstigen Tiere
45. Die Symbolik der Pflanzen
46. Die Symbolik der Farben
47. Die Symbolik der Zahlen
48. Die Symbolik von Sonne, Mond und Sternen
49.a Das Jenseits I – Das Hügelgrab
49.b Das Jenseits II – Der Jenseitsweg
50. Seelenvogel, Utiseta und Einweihung
51. Wiederzeugung und Wiedergeburt
52. Elemente der Kosmologie
53. Der Weltenbaum
54. Die Symbolik der Himmelsrichtungen und der Jahreszeiten
55.a Mythologische Motive I
55.b Mythologische Motive II
56. Der Tempel
57. Die Einrichtung des Tempels
58. Priesterin – Seherin – Zauberin – Hexe
59. Priester – Seher – Zauberer
60. Rituelle Kleidung und Schmuck
61. Skalden und Skaldinnen
62. Kriegerinnen und Ekstase-Krieger
63. Die Symbolik der Körperteile
64.a Magie und Ritual I
64.b Magie und Ritual II
64.c Magie und Ritual III
65. Gestaltwandlungen
66.a Magische Angriffs-Waffen
66.b Magische Verteidigungs-Waffen
67. Magische Werkzeuge und Gegenstände
68. Zaubersprüche
69. Göttermet
70. Zaubertränke
71. Träume, Omen und Orakel
72. Runen
73. Sozial-religiöse Rituale
74. Weisheiten und Sprichworte
75. Kenningar
76. Rätsel
77. Die vollständige Edda des Snorri Sturluson
78. Frühe Skaldenlieder
79.a Mythologische Sagas I
79.b Mythologische Sagas II
80. Hymnen an die germanischen Götter